生涯教育与创业教育之我见

赵北平　著

武汉理工大学出版社
·武汉·

图书在版编目(CIP)数据

生涯教育与创业教育之我见 / 赵北平著. -- 武汉:武汉理工大学出版社,2025.3 -- ISBN 978-7-5629-7365-2

Ⅰ. G647.38

中国国家版本馆 CIP 数据核字第 2025WZ6235 号

项目负责人:尹　杰　　　　责任编辑:尹　杰
责 任 校 对:王　旭　　　　版式设计:兴和设计
出 版 发 行:武汉理工大学出版社
网　　　址:http://www.wutp.com.cn
地　　　址:武汉市洪山区珞狮路 122 号
邮　　　编:430070
印　　　刷:武汉兴和彩色印务有限公司
经　　　销:各地新华书店
开　　　本:710mm×1000mm　1/16
印　　　张:12.5
字　　　数:218 千字
版　　　次:2025 年 3 月第 1 版
印　　　次:2025 年 3 月第 1 次印刷
定　　　价:39.00 元

凡购本书,如有缺页、倒页、脱页等印装质量问题,请向出版社营销部门调换。

本社购书热线电话:027-87391631　87664138　87523148

本书系高校创业型人才培养服务湖北省高质量发展研究中心重点项目——高校创业型人才培养模式研究(项目编号 2024R01)成果,及湖北省教育科学规划 2024 年度湖北省高校毕业生就业创业专项课题——构建中国特色高校生涯教育自主知识体系研究(项目编号 2024ZX023)成果。

前　言

本人在高校从事大学生就业创业工作已经41年，是大学生涯教育和创业教育工作战线的一位名副其实的老兵。多年的就业创业工作实践与探索，让本人对大学生涯教育和创业教育有了一些个人的思考与认识。为了促进大学生涯教育和创业教育工作，现把我的认识成果集合成册，期望对高校同行们的工作能有所借鉴和帮助。

20多年前，本人担任武汉理工大学学生就业指导中心主任，在学校就业工作中引入西方的生涯教育理论。面向低年级学生开设了大学生涯规划与职业发展课程，编写出版了相应的教科书，开始了大学生涯教育本土化探索之路。特别是最近四年在武汉工商学院推进大学生涯教育工作中，本人不断学习如何借鉴西方生涯教育理论，运用马克思主义有关基本理论和中华优秀传统文化成果，切实解决中国大学生涯教育现实问题。如何把生涯教育和专业教育相结合、和党的德智体美劳教育方针相结合，这些是我在大学生涯教育实际工作中重点思考的问题。针对这些问题的实践与认识，形成了本书"生涯教育"部分的内容。

2008年，本人牵头成功申报了教育部、财政部质量工程项目——基于职业发展教育的全程化大学生创业教育模式创新实验区，并在武汉理工大学创业教育领域开设了创业管理第二专业学位和创业管理本科专业，开始探索创业管理本科教育模式。在多年高校创业教育工作中，基于对创业型人才成长规律和企业生成规律的实践探索，形成了本书"创业教育"部分的内容。

本书共汇集了近年来撰写的有关大学生涯教育本土化探索和创业教育实践两方面的文章共49篇。其中，生涯教育方面共计27篇，包括生涯意识唤醒类文章8篇、生涯决策类文章4篇、生涯行动类文章4篇、生涯教育工作类文章11篇；创业教育方面共计22篇，包括创业型人才成长规律类文章6篇、企业生成类文章5篇、高校创新创业教育类文章11篇。这些文章中，既有本人对大学生涯教育和创业教育之理念、概念和规律的思考，也有对相关实操工具和模型的探索。

本书得以出版发行，首先要感谢武汉理工大学和武汉工商学院给了我推进生涯教育和创业教育的实践平台和机会；其次要感谢我在两所高校工作的团队及其成员，他们为大学生涯教育和创业教育做出了辛勤的努力，这些成果也凝聚了他们的许多智慧；再次要感谢教育部学生司、教育部学生服务与素质发展中心、湖北省教育厅、湖北省高等学校毕业生就业指导服务中心、湖北省人社厅、武汉市人社局等单位的领导和同志们，他们给予我很多学习机会和实际指导；还要感谢武汉大学的张掌然教授、华中师范大学的郎东鹏教授，以及其他兄弟高校的同行们，他们帮助我对一些观点进行了深入思考和修改完善；最后我要特别感谢武汉理工大学出版社和本书编辑尹杰老师，他们为本书的出版提供了良好环境，付出了辛勤劳动。

本书的出版得到了湖北省教育科学规划2024年度湖北省高校毕业生就业创业专项课题（项目编号2024ZX023）和高校创业型人才培养服务湖北省高质量发展研究中的经费资助，在此一并致谢！

本书内容是个人在大学生涯教育和创业教育工作中的实践体会与认识，属于个人的一孔之见。由于本人水平和能力有限，书中一些观点、内容可能存在不完善甚至是错误之处，欢迎各位读者和专家批评指正。

赵北平

2024.12

目　录

第一部分　生涯教育

高考成绩的差距差在何处…… 1
跑赢人生的“马拉松”——致大一新生…… 2
幸福的人生是平衡发展…… 3
专业学习与职业发展…… 6
如何选择职业 …… 11
大学生涯规划的制订与实施 …… 13
大学生能动性教育的内容与方法 …… 17
高校人才培养过程与学生就业工作 …… 20
促进大学生更加充分更高质量就业必须解决的六个问题 …… 24
打造大学生涯规划课程 3.0 版 …… 29
高校大学生就业工作的主要问题 …… 35
“四维并举、系统推进”,促进大学生充分就业 …… 37
就业工作老兵聊高考志愿填报 …… 39
教育的最高境界是激发学生的能动性 …… 42
“建设高质量就业指导服务体系”访谈录 …… 46
大学生涯教育本土化之我见 …… 48
上大学,专业真的那么重要吗…… 51
生涯教育是高校解决大学生就业难问题的根本抓手 …… 53
专业认知——大学新生的第一份作业 …… 56
大学生涯教育基本认识 …… 60
大学生涯规划基本认识 …… 63
大学生涯教育学科建设思考与探索 …… 66
生涯教育本土化探索之个人核心观点 …… 71
“3＋2＋N”生涯教育课程体系建设实践探索 …… 72
职业“沟壑”排除法 …… 74

大学生涯发展主体实践活动 …… 77
高校辅导员生涯教育工作任务导引 …… 79

第二部分　创业教育

关于将创业型人才纳入高校人才培养目标类型的建议 …… 91
浅谈高校人才培养的四个问题 …… 93
创业管理本科专业设置是我国高校人才培养类型的重大突破 …… 99
创业之我见…… 101
专业教师如何在践行高校社会职能中成长发展…… 106
关于高校学科建设与专业建设的十点感悟…… 108
“学科与专业”学习笔记…… 112
企业家与企业家精神…… 114
大学生创新创业基地建设的主线逻辑…… 116
构建以学生为中心的专业课程体系…… 121
关于高校产业学院建设的几点认识…… 125
创业结果规律…… 130
创业过程与创业者成长规律…… 134
企业生成规律…… 136
对商业模式的理解与认识…… 139
影响事业成功的三个关键因素…… 144
创业项目失败的主要因素…… 149
高校创业管理专业人才培养模式探索…… 151
创业管理本科专业建设的三个关键问题…… 155
依附式创业——在校大学生创业实践的首选方式…… 158
高校创业教育分类及其内容…… 160
书院管理机制下的创业型人才培养模式探索…… 163

参考文献…… 167
附件 1:武汉工商学院创业学院建设方案 …… 168
附件 2:武汉工商学院学生生涯教育工作实施方案 …… 172
附件 3:专业认知实践课程教师教学指导手册 …… 177
附件 4:专业认知实践课程学生学习指导手册 …… 183
附件 5:武汉工商学院 2024—2025 学年第一学期“大学生涯规划基础”
专业认知实践调研报告…… 188

第一部分

生涯教育

高考成绩的差距差在何处

又是一年开学季。经过12年寒窗苦读，莘莘学子迈进了不同的高校校门。有的是大家都十分向往的知名高校，有的是各具特色的应用型高校。不管高校的社会影响如何，也不管高校层次如何，每个大学新生跨进大学校门时的心情是不尽相同的。

影响高考考生录取到某所高校的因素是多方面的。有的是出于对学校社会声誉的向往，有的是出于对所学专业的钟情，有的是出于对高校所在城市和区域的选择，有的是出于对未来就业与职业发展的思考……有的也许是出于对以上众多因素的综合权衡。考生和家长在填报高考志愿时，虽然要考虑的因素很多，但决定性因素是考生的高考分数，大家都是基于高考分数这个大前提，再考虑其他因素的。

一千多万名考生的分数有几百种结果，高的有700多分，低的有100多分，高低相差近600分。那么，这种高考成绩的分数差距到底在何处?

其实，从高考考生的整体来看，他们智力差距的影响微乎其微，可以忽略不计，真正的差距主要体现在三个方面：能动性、习惯、学习方法。

首先来看能动性。唯物辩证法告诉我们：内因是变化的根本，外因是变化的条件，外因通过内因起作用。所以，决定考生高考分数的根本是考生学习成才的内因，即学生学习和成长的能动性。考了近700分的考生，老师或家长平时经常讲的话是“孩子要早点休息，注意身体”；而考了100多分的考生，老师或家长经常讲的话可能是“你怎么又在玩?”“你怎么还在打游戏?”……这就是考生能动性差异最直接的表现。

其次是学习和生活习惯。有人说“优秀是一种习惯”，优秀就是好的学习和生活习惯的展现。习惯是如何养成的？习惯＝意志力＋自律力＋方法论。养成良好的习惯，需要坚强的意志力、自律力和好的思维方式。高考分数高的同学，大多数有很好的学习和生活习惯。考分低的考生，习惯或多或少都有需要改进之处。

最后是学习方法。做任何事情都是有方法的，方法决定了做事情的效率，用不同的方法做事，有的能事半功倍，有的则会事倍功半。学习如何循序渐进，如何先易后难，如何抓主要矛盾，如何触类旁通，都是有方法的。考分高的考生都有适合自己的学习方法。

能动性、习惯、方法论这三个方面既相互联系、相互影响，又相互促进，每一方面不可能孤立存在。这三个方面不仅会影响每个考生的高考分数，更会影响其大学生涯发展以及未来的职业发展。因此，激发自我学习成长的能动性、培养良好的学习生活习惯、掌握做事的良好方法，是每个人成长中都应该十分重视的三个方面。

（此文写于 2021 年 9 月 1 日）

跑赢人生的“马拉松”——致大一新生

各位新同学：

你们好！

今天是教师节，作为一名高校退休教师，作为一名从事了一辈子高校大学生就业创业教育工作的老兵，我想在此跟你们说几句心里话。

九月金秋结硕果，十年寒暑尽风华。从今天起，你们已跨入大学殿堂，开始了人生新的篇章。“雄关漫道真如铁，而今迈步从头越”，大学阶段所获知识和能力的多少，将直接影响你们未来的职业发展。

在竞技体育中有一项运动叫马拉松，参加马拉松的人知道自己是一名参加比赛的运动员，也知道本次比赛的参赛路径和最终目标。在市场经济的今天，我们每个人的人生更是一场真正的“马拉松”，但绝大多数人并不知道自己是这场“马拉松”的运动员，也不知道适合自己的人生发展道路，更不知道自己的人生目标在哪里！

和马拉松比赛一样，人生也是由一个一个阶段组成的。高中毕业只是跑完了学前、小学、中学三个阶段，不管今天你是否满意录取的学校，它都是你前三个阶段自己选择与努力的结果。从进校开始，自觉、积极、主动地学习知识和培养素质，你就有很大的机会考取理想高校的研究生，或是找到适合你发展的就业单位，一样可以赶上甚至超越目前比你考得好的同学；如果你正在因考取了理想的高校而沾沾自喜，进校以后放松自己，迷失方向，不思进取，没有学习和成长目标，沉溺于网络游戏或享受人生，你一样会输掉现在比你考得差而积极努力的同学。大学轻松过几年，未来你就要辛辛苦苦几十年。

高考结果只是你人生马拉松一个阶段的输与赢，上大学是你人生马拉松另一个阶段的新起点，而不是终点。要最终跑赢人生的马拉松，最理想的结果当然是每个阶段你都能跑赢。偶尔在一个阶段落后并不可怕，最可怕的是你还不知道自己是人生马拉松的运动员，总给自己定位成"观众"的身份。只有知道自己是"运动员"，你才会去主动竞争，才会不断拼搏，幸福的人生是奋斗出来的。

要想成功，不能靠一时的努力，需要强烈的成才主体意识、坚强的意志力、自律力及锲而不舍、日积月累才能实现。大学毕业时的求职简历不是写出来的，而是干出来的，是大学学习生活的完整呈现。唯有"历"尽艰辛，才能美"历"动人。大学生涯是职业生涯的重要准备阶段，千万不能虚度。从入学的第一天起，你们就应该对大学阶段有一个科学合理的生涯规划。

加油吧，刚跨进校门的同学们！加油吧，正在人生马拉松运动中奔跑的每位"运动员"！

祝你们身体健康，学习进步！

（此文写于 2021 年 9 月 10 日）

幸福的人生是平衡发展

每个人的一生有着不同的成长和发展阶段，每个人的一生有着太多的不确定性，每个人的一生有着太多的职业和社会生活角色。人是具有主体能动性的生命体。在不同阶段、不同角色以及很多不确定因素下，科学合理地规划自己的生涯发展，以实现自己幸福成功的人生，这是每个人都渴望实现的目标。每个人的价值观不一样，对幸福、成功的理解和标准也不一样。在此，笔者根据自己的人生阅历和价值观，提出个人对幸福成功人生的理解。

一、影响人生成功的两个关键因素

影响人生发展的因素太多了，撇开具体的事件因素，通过抽象的方法，其实影响每个人人生成功最关键的两个因素就是选择和努力。

在我的人生经历中，我非常认同这样一段话："今天的生活品质是你昨天选择和努力的结果，今天的选择和努力将决定你未来的生活品质。"这句话一直是我人生发展过程的座右铭，它实实在在影响了我几十年。

在影响人生发展的两个关键因素中，“选择”属于人生发展过程的战略决策。虽然是对某件事情的选择，但它具有方向性，会影响人生的发展方向。如果方向错了，再努力也没用，有时甚至是越努力越错。“选择”受人的价值观影响，所以不同的人生价值观会让每个人的选择不一样。在人生的众多选择中，最关键的几次选择尤为重要，如职业选择、婚姻选择。

“努力”属于人生发展过程的战术决策。人的努力程度受个体的能动性影响，当然也受价值观的影响。一个人是否努力、努力到什么程度，取决于内驱力的大小，能动性越强，内驱力越大。

既然“选择”与“努力”对人的发展影响如此重要，那么在一个人的成长发展中，特别是在青少年阶段，价值观教育引导就十分重要。人生存的价值是什么？人的一生怎样才有意义？（判断）一个人有没有价值，就在于他能否帮助国家、社会和他人解决问题。你为国家、社会和他人解决的问题越多，你的价值就越大。另外，要注重激发人的能动性，不管是家庭教育还是学校教育，能够激发人的能动性的教育才是最好的教育，当然也是最难的教育。

选择与努力是影响人生成功最关键的两个因素，两者密不可分、互为条件、缺一不可。

二、生涯平衡方桌模型

一个幸福成功的人生需要本人的正确选择与辛勤努力。那么，什么是成功的人生呢？有没有评价人生成功的维度与标准呢？从个人的生涯发展观出发，笔者为大家提出判断幸福人生的四个维度：身心健康、家庭幸福、子女成才、事业成功。

为了便于大家理解和记忆，笔者用一张普通厚实的方桌作为模型（可称为“生涯平衡方桌模型”，如图 1）来向大家作介绍。四个维度的每个方面就是方桌的一条腿，这个方桌就代表平凡而厚重的人生。

身体心理健康。它包括身体健康和心理健康。身体、心理健康是另外三个方面的基础，没有身体、心理的健康，其他都为零。因此，在日常的生活和工作中，如何保重自己的身体、心理健康，是每个人特别是创业者首要注重的问题。要认识到，我们的身体不是自己的，是父母给予的，我们没有权利去伤害它。一个人对父母最大的孝，就是自己身心健康和快乐。我们不能因为学习任务重、工作忙、事情多等去伤害身心。保持身心健康是有规律可循的，违背规律必会遭到惩罚。

家庭幸福和谐。要实现你的家庭幸福和谐，首先要选择好自己的结婚对

图 1　生涯平衡方桌模型

象。一个人对你的下一代最大的负责任，就是帮助你的下一代选择好他的父亲或母亲。人在恋爱时往往只有激情，而缺乏这种理性。人们在选择配偶时，应该既要有激情，还要保持一份清醒和理性。不能光从外表、言语、物质等方面去考虑择偶对象，还需从三观、品行、素养等方面做选择。其次，家庭是需要用时间去经营的，家庭是需要责任与担当去维护的。人在成家后，要用心和时间去经营，要用责任与担当去维护家庭和谐，不能因为要干事业而全然不顾其他角色的责任与担当。更何况，事业与家庭也不是完全对立的两个方面，两者是可以和谐发展的。

子女自立成才。我们不能只生孩子、养孩子，还要教孩子、育孩子。家长不要指望孩子当多大官、发多大财，而是希望孩子健康快乐成长，做一个自尊自爱、自理自立的人，做一个有益于社会的人。家长不能把个人的价值观强加在孩子的身上，更不能把自己人生未实现的理想希望通过孩子去实现。

职业生涯成功。职业生涯成功就是通常所说的事业成功。事业成功只是人生成功的一个方面，而不是全部。事业成功是实现身心健康、家庭幸福、子女成才三个方面的物质条件和经济基础，身心健康、家庭幸福、子女成才又是事业成功的环境和条件。生活不是为了工作，工作是为了生活。

幸福的人生是上述四个方面平衡发展的结果。就像这张方桌一样，任何一条腿缺失或短少都会导致桌子失衡甚至歪倒。要有一个幸福的人生，就要在四个方面努力付出，并做好四个方面的协调平衡，切不可顾此失彼。

三、对生涯平衡方桌模型的感悟

上面给大家提出了一个生涯平衡方桌模型，以方桌的四条腿来代表人生幸福最主要的四个方面，笔者认为这四个方面就是判断人生幸福的四个标准。

每个人的价值观不一样，对理解和判断幸福人生的标准和维度也不一样。不需要每个人都认同这个模型，因为社会本身就是价值多元化的。

之所以提出这个模型，一是表达了笔者的生涯发展观；二是这个模型朴实厚重，代表了笔者作为一个普通人对人生的追求；三是这个模型好记，我们每个人每天都会用餐，你用餐时就会想到这个模型，想到人生幸福的四个方面，提醒你注重人生的平衡发展。

这个模型告诉我们，人的一生就是要做好三个“负责”：首先是对自己负责(即身心健康)，其次是对家庭负责(即家庭幸福、子女成才)，最后是对工作负责(即事业成功)。

不管大家以何种生涯发展观理解人生、实现人生目标，笔者希望每位阅读者都能幸福健康。请大家在人生中做好每个选择，并努力奋斗。

幸福是奋斗出来的，是干出来的！

(此文写于 2021 年 9 月 17 日)

专业学习与职业发展

填报高考志愿时，很多考生和家长在选择专业时非常困惑，特别是现在过于关注本科专业学习对职业发展的影响。有的大学生入学后，往往会因为自己对所学专业认识不清产生严重的专业厌学情绪，有的甚至因此而影响到整个大学阶段的成长发展。

一、本科专业课程体系的知识构成

(一)专业和职业的逻辑关系

专业是指“高等学校或中等专业学校根据社会分工需要而划分的学业门类”。从社会的角度看，专业是为满足从事某种社会职业所必须接受的训练而设置的。

从上述定义可以看出，是先有社会实践领域(或某一行业产业)某一类职业的需求，后才有高校为此而开设的专业，即先有社会实践领域(或某一行业产业)对某类人才的需求，后有高校的专业设置。

(二)本科专业课程体系的知识构成

本科专业培养方案是由人才培养定位、人才培养目标、专业课程体系等构成的。其中，专业课程体系是对不同学科知识的选择与组织，所以专业课程体系是由不同的学科知识构成的。

高校某个本科专业的课程体系一般是由公共通识基础课程(A)、专业基础课程(B)、专业课程(C)三个课程模块构成的，而这三个课程模块是对多门学科知识的选择与组织。

(三)本科专业课程体系与职业适应的关系

公共通识基础课程(A)模块的课程均属于通识类课程，培养学生的某些通识能力，而每一种通识能力都是适应社会多个行业领域的职业需求的。因此，公共通识基础课程(A)模块培养的能力具有广泛的职业适应性。

专业基础课程(B)模块的课程讲授与该专业相关领域的学科知识，其目的是培养学生某一行业领域的能力，这种能力一般只满足某个行业领域的职业需求。

专业课程(C)模块由专业理论课程(C1)和专业相对应的产品(或服务)生产制造课程(C2)组成。专业理论课程(C1)是生产制造本专业产品的技术课程，技术的应用场景往往具有多种行业性，而非唯一性。所以，专业理论课程(C1)培养的是不同行业的技术应用能力，但往往会因为技术的进步而过时。专业产品(或服务)生产制造课程(C2)主要讲授生产制造某种专业产品(或服务)的工艺及流程、设备制造与维护等，因而该类课程培养的能力往往只能满足该专业产品(或服务)领域的职业能力需求。

由此可见，高校专业课程体系中三个模块课程培养的职业能力对社会行业职业领域的适应广度或范围是有很大不同的。

公共通识基础课程(A)模块培养的能力适应社会职业的领域非常广泛，在行业间的可迁移性强。专业基础课程(B)模块培养的能力适应的职业领域就要窄很多，但可满足部分行业领域的职业需求。专业课程(C)模块培养的能力范围就很窄了，特别是产品(或服务)生产制造课程(C2)所培养能力的行业职业适应范围可能是唯一的，因而不具有行业间的可迁移性。

本科专业课程体系与职业适应的关系模型见图 2。

二、专业与职业的关系

可以从以下三个方面来理解本科专业与大学生未来职业发展的关系。

(一)专业技能是获取一份职业的基础，也是为其职业服务对象提供专业化服务的保证

只有学习和掌握了某种专业技能，才可能进入相对应的职业领域。专业知识与技能是获取一份职业的基础，不具备某种专业知识与技能，就难以进

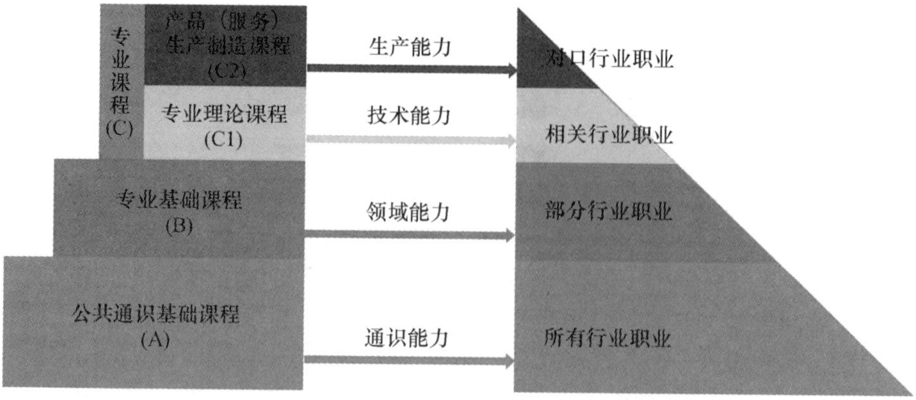

图2　本科专业课程体系与职业适应的关系模型

入相应的职业领域。另外，进入某个职业领域后，要有一个好的职业发展，也要依靠自身掌握的专业技能为其服务对象提供专业化服务水平。专业技能越高，专业化服务水平越高，服务对象的满意度也会越高，其职业发展就会越好。

（二）任何职业都需要有与之相应的专业知识与技能

职业是由于社会发展进步出现了社会分工而产生的，并随着社会生产力的发展而对专业化要求越来越高。

社会的每种职业都有其服务对象的某种需求。要很好地满足职业服务对象的需求，任何职业都有对从业者知识和专业技能的要求。职业虽没有贵贱之分，但每种职业对从业者的知识、能力、素质要求不同，任何职业都有与之相适应的知识能力要求。

（三）个人的职业发展不只需要专业知识与技能

职业能力不仅包括专业能力，还包括社会能力和方法能力。

任何人的职业发展离不开团队，任何人的职业发展都要与人打交道。因此，一个人要有好的职业发展，仅有高水平的专业知识与技能是不够的，还需要具备很多其他条件：要选择一条适合个人职业特质的职业发展道路，要有自己的职业发展目标与规划，要从基层做起，要具备较强的可迁移技能和自我管理能力，要具备良好的职业素养……因此，学生在大学阶段不仅要学好某类专业知识，掌握某些专业技能，更要提升自我综合素质，才能增强自己就业与职业发展的核心竞争力。

三、专业课程与职业适应性模型

由于公共通识基础课程（A）模块培养的能力适应社会的职业很广，专业基础课程(B)模块培养的能力适应的行业领域也较多，笔者对这两类课程模块所对应的行业职业不再一一列举。

专业课程(C)模块培养的能力适应的行业职业领域不多，相对比较狭窄。这就给人一种错觉，好像专业课程培养的能力应用行业很少。造成这种错觉的原因是我们没有认识到职业的选择不能只依据所学专业这个维度，还应考虑社会需求、个人特质、社会资源、文化适应、个人特殊情况等维度(此问题下文再叙)。在此给大家分享笔者原创的“专业课程与职业适应性模型”(图 3)。

需要说明的是，这两个模型并不是什么理论模型，确切地说只是工具模型，是笔者在学生职业发展教育多年实践中用到的两个工具而已。

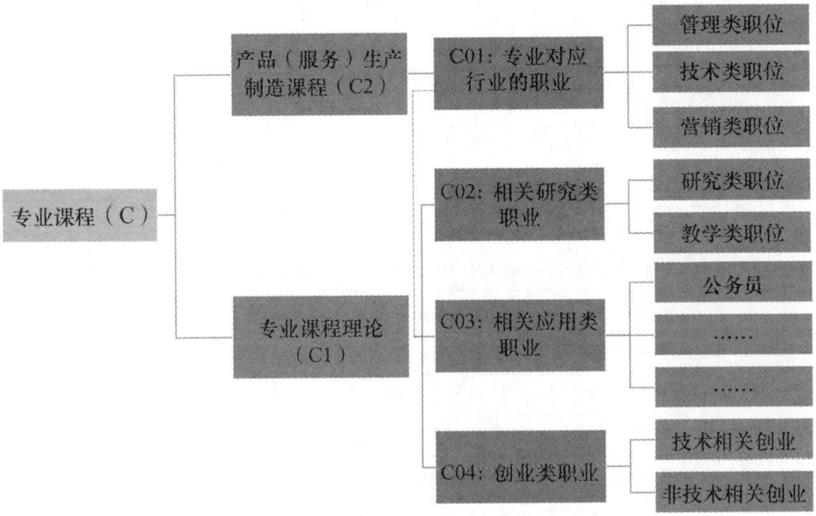

图 3　专业课程与职业适应性模型

(一)专业课程与职业适应性模型说明

专业课程(C)：是指本科专业课程体系中的专业课程群(或专业课程模块)。

专业理论课程(C1)：是指本科专业课程中的技术理论类课程。

产品(服务)生产制造课程(C2)：是指专业课程模块中与该专业对应的产品(服务)生产制造相关的课程。

专业对应行业的职业(C01)：是指某专业直接对应行业的职位。例如，车辆工程专业直接对应的就是汽车行业的职位。

相关研究类职业(C02)：是指与某专业相关的研究、教学类职业。例如，车辆工程研究类职业是汽车研究院所的专业职位和高校车辆工程专业的教师职业。

相关应用类职业（C03）：是指与专业课程知识有一定相关性的各行业职位。

创业类职业（C04）：是指与某专业对应行业的创业职位。

图3只是一个工具模型，不一定能完全说明经过某个专业学习后的全部职业选择和职业发展结果，这里展示的是与专业直接相关的职业选择与职业发展结果。

这个模型比较直观形象地说明了高校本科专业课程体系与学生职业岗位选择、职业发展方向的关系，其目的是帮助学生打开职业发展思路，增强专业学习兴趣，提升就业与职业发展竞争力，也为高校职业发展教育教师提供一个可参考的工具。

（二）专业课程与职业适应性模型案例

下面以汽车工程本科专业为例，来看看学习汽车工程专业的学生，有哪些与专业直接对口或相关的就业选择与职业发展方向。

C01	在汽车制造企业从事管理类职业
	在汽车制造企业从事技术研发与应用类职业
	在汽车制造企业从事营销与售后服务类职业
C02	在汽车研究院（所）从事技术或管理职业
	在高校汽车工程专业从事教学研究职业
C03	在工信部（厅）任职汽车产业管理的公务员
	汽车专业类杂志社从事编辑职业
	汽车专业报社或媒体从事记者职业
	电视台或媒体从事汽车相关栏目主持人职业
	在银行从事汽车租赁相关业务职业
	在保险公司从事汽车理赔定审相关职业
	在证券公司从事汽车行业研究分析相关职业
	……
C04	在汽车整车与配套产品企业创业
	在汽车服务相关行业创业

所有本科专业都可以依照这个工具模型进行专业课程与职业适应性分析。

（此文写于2021年10月8日）

如何选择职业

大学生就业时，如何进行职业的定位与选择？有的人认为，自己学习什么专业，就要选择与专业直接对口的单位和职业；有的人则认为，个人对什么职业感兴趣，就选择什么职业……

大学学习的专业能作为个人职业选择的唯一依据吗？如果不能，进行职业定位和选择时，还应考虑哪些其他因素？

"男怕入错行，女怕嫁错郎。"职业的选择是人生重要的选择之一。职业的选择既是对自己就业单位的选择，也是对自己未来职业发展的选择，还是对工作团队的选择、资源的选择、同事的选择、朋友的选择……所以，职业的选择应结合多种因素来考虑，才是理性选择。

结合多年的学生就业指导实践，笔者认为，大学生在进行职业定位和选择时，要综合考虑以下六个维度(图 4)。

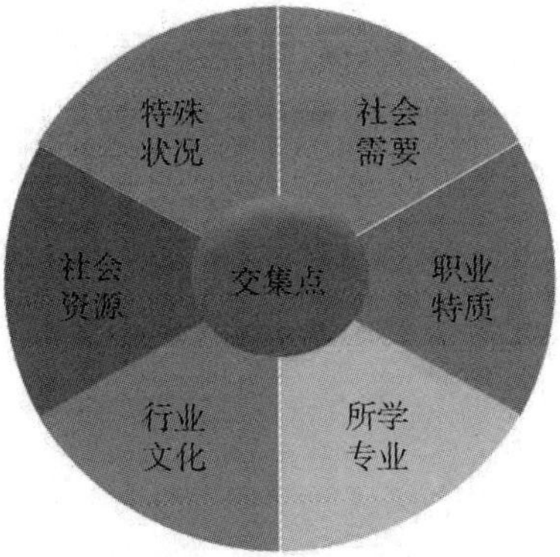

图 4　职业定位与选择因素模型

一、国家和社会重大需要

大学生在进行职业选择时，首先应该考虑国家和社会的重大需要，这并不是空话大话。人们从事一个职业，是为自己谋生，更重要的是通过职业活动满足某种社会需要，从而实现人生价值。显然，能满足国家和社会的重大需要是最有社会意义和人生价值的。这是从质的方面来考虑的。

如果从量的方面来考虑，国家和社会重大领域的需求量也是最大的。需求量越大，你的入职概率就越大，你的职业发展机会就越多，事业成功的机会就越大。

二、个人职业特质

个人的职业特质包括个人的职业价值观、性格、兴趣和能力倾向等。每个人的职业特质是有差别的。

职业并没有好坏之分，也没有贵贱之分。由于每个人的价值观不同，对同一类职业每个人的喜好也不一样。在职场中，性格也无好坏之说，不同性格的人适应的职业职位不同。比如，性格内向的人适合做技术、文案，性格外向的人则适合做销售、管理。兴趣也是职业特质的一个方面，兴趣对职业的选择也有着重要影响，兴趣是职业选择和发展的内驱力之一。能力倾向是指人的众多能力中擅长的能力，人在职业发展中要尽量用己所长，让自身优势能力得到充分发挥。

三、所学专业

每类职业、每个职位都有特定的专业能力要求，大学所学的专业都会适应特定的和相关的职业职位，大学生在职业选择时能结合所学专业当然是件好事，既能充分发挥大学所学，又能让用人单位放心。

大学所学的专业在职业选择时有很多直接对口的相关职位，因此大学所学的专业不能作为职业选择的唯一依据。

大学所学的专业可以让雇主相信你的专业能力与岗位的适配性，这是从人职匹配角度考虑的，但仅考虑专业能力与岗位适配这一因素就缺乏职业选择的理性。

四、行业文化

受西方人力资源理论的影响，我国强调人职匹配的理论较多，而对适应行业文化这个因素重视不够。

从我们身边众多职场人士的职业发展现实来看，绝大多数人的职业发展不理想，并不是受人职不匹配的影响，而是个人与行业文化不适应的结果。

首先，文化看似很虚，并没有引起职场人的高度重视，相反大家比较重视能力；其次，对行业文化的真正认知和理解不太容易；最后，适应行业文化的人并不多。

一般而言，能力提升相对比较容易，而文化适应相对比较难。如果从国学的角度来看，文化是阴，能力是阳，两者构成职场人的能力素质体系，都不可或缺。

五、社会资源

社会资源是个人职业发展成功的外部条件，也就是外因。任何人的成功必然有内因和外因两个方面的因素，个人的努力、能力与素质是决定性因素，外部的平台与资源是条件性因素。社会资源的整合和利用是影响个人职业发展的重要方面。

个人在进行职业定位与选择时，要充分考虑个人的各种社会资源，包括家庭资源、同学资源、校友资源、朋辈资源等，要分析这些社会资源对个人职业发展的正负面影响，尤其是负面影响。

在进行个人职业定位与选择时，分析考虑社会资源这一因素，并不是要大家去走后门、找关系。在市场经济发展比较充分的今天，靠人情关照并不能解决职业发展问题，靠的还是个人的综合素质和竞争能力。良好的社会资源能给你带来信任的机会、展示的机会、沟通的机会。

六、个人特殊状况

在进行职业的定位与选择时，还要考虑个人的一些特殊状况。比如，个人的民俗习惯、恋爱对象、地区适应性、身体状况、家庭情况(包括父母的身体状况)等。这些个人的特殊状况，或多或少会对职业发展产生一定的影响，因此，在进行职业的定位与选择时都要适当考虑。

一般而言，通过三个点就可以实现空间定位，职业定位也不例外。职业定位可以通过行业领域、地区城市和职业类型三个点实现定位。其中，行业领域通过社会需求和行业文化两个维度确立，地区城市通过社会资源和个人特殊情况两个维度确立，职业类型通过个人职业特质和所学专业两个维度确立。

（此文写于 2021 年 10 月 29 日）

大学生涯规划的制订与实施

大学生涯是职业生涯发展的重要准备阶段，大学轻松过四年，职场发展就要辛辛苦苦四十年。上大学不是人生的终点，而是人生发展的新起点。根据个人职业特质和社会发展需求，制订和实施好大学生涯规划是每个大学生进入大学后应该认真对待的一件重要事情。大学生涯规划制订与实施的内容、方法和工具非常多，这里只是聊聊个人的一些看法。

一、为什么要制订大学生涯规划

(一)自主性很强的大学生涯需要进行科学规划

大学阶段的学习方式与高中阶段有着显著不同，不管是课程的层次属性还是学习的短期目标，都决定了两者的区别：高中阶段被动性较强，大学阶段自主性较强；高中阶段虽然也需要有规划，但与大学阶段的规划明显不同，这种不同表现在规划的内容丰富性、发展目的性、目标选择性、实施方式性，以及主体强弱性等方面。

大学阶段的专业培养方案中除共同课程外，一般都设置有一定比例的个性化选修课程；大学本科以通识教育为主，因此，大学毕业后职业的选择较多；大学所学的专业知识也有较大的行业适用范围；大学阶段的节假日、寒暑假以及实习实践时间较多，大学生自主安排的时间非常多。这些因素都需要大学生对大学生涯进行科学合理的规划。

(二)大学生的能动性需要通过大学生涯规划而激发

能动性是指人在实践过程中表现出来的能力、作用、个人看法以及地位，即人自主、主动、能动、自由、有目的地活动的特性。大学生成长与发展的能动性强调的是大学生个体内因的地位和作用。

大学生怎样才能有成长与发展的能动性？大学生要有清晰、具体、适合个人的成长目标，而目标形成的前提是能找到适合个人成长发展的路径，成长发展路径的选择又基于对自我职业特质和工作世界的探索认知。这个过程就是制订大学生涯规划的过程。所以，通过制订大学生涯规划，可以激发大学生的能动性。

(三)科学规划大学生涯能使大学职业发展更成功

对大学生涯进行科学的规划，能够让大学生找到适合自己的发展方向，从而确立大学生涯清晰而具体的发展目标，增强大学生学习和发展的动力，可使大学生未来的职业发展更成功。具体来说，大学生涯规划对大学生的成长与发展有这样的作用：有利于大学生正确认识自我，了解社会和行业发展需求，对自己的发展进行合理的定位；有利于大学生在知己知彼的前提下确立适合自己的发展目标；有利于增强大学生成长与发展的内驱动力、能动性；有利于大学生全面提升个人能力素质，促进大学生就业创业和职业发展。

二、怎样制订大学生涯规划

大学生涯规划如何制订？有关这方面的书籍很多，有兴趣的同学可以查阅相关资料进行专门学习。

大学生涯规划制订的步骤与方法大致可分为六步(图 5)，限于篇幅，这里只作简单的介绍。

第一步，知己知彼。通过理论学习、人物访谈、亲朋交流、实习实践等方式，对自我职业特质和职业环境进行认知和探索，做到充分认识自我、行业、企业、职业和专业。

第二步，选择未来职业发展方向。在充分认识自我、认知职业环境的基础上，初步选择自己的职业发展方向。

第三步，确定大学生涯发展目标。根据初步选择的职业发展方向，确定大学生涯发展的具体目标，是就业还是升学。如果就业，是本科毕业就业还是创业；如果升学，是国内升学还是出国升学。如果国内升学，是考研还是通过保研升学。这个目标越清晰越具体越好。

第四步，寻找差距。根据大学生涯发展目标，分析实现这个目标需要具备什么样的知识、能力、素质，从而找出目前存在的差距在哪些方面及差距有多大。

第五步，制订大学生涯成长计划。根据大学生涯发展目标，对目标进行分解，列出不同年级、不同阶段的发展目标，并制订实现阶段目标、大学生涯目标的学习和成长计划。

第六步，实施、评估与修订。大学生涯规划并非一成不变，而是在实施过程中根据实际情况不断进行反馈、评估与修订，使大学生涯规划与个人发展现实情况相一致。

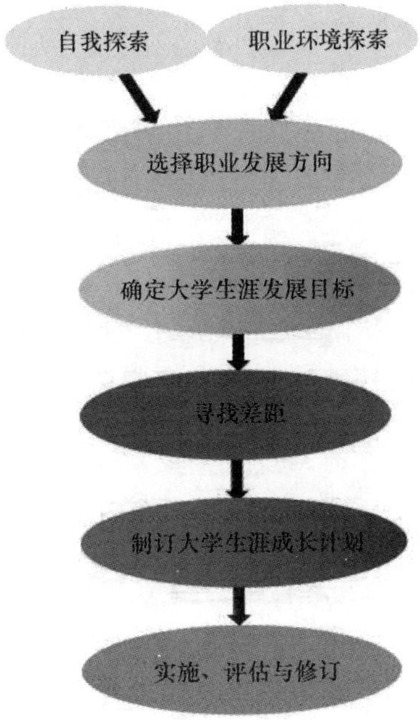

图 5　大学生涯规划的步骤与方法

三、怎样实施大学生涯规划

制订大学生涯规划的目的是实施大学生涯规划。虽然制订大学生涯规划有难度，但实施大学生涯规划更难。制订大学生涯规划是基础，实施大学生涯规划才是难点和重点。

怎样实施大学生涯规划？就方法论而言，主要做好三个方面，即树立正确的理念、形成强大的内驱力、选择良好的学习方法。

（一）树立知行合一的理念

在大学阶段的学习和成长中，大学生一定要树立知行合一的理念。所谓“树立某种理念”，就是要认识某种事物的本质，把握某种事物的规律。知识学习是大学阶段的重要任务，但仅掌握知识还不够，知识不等于能力，知识会应用才能变成能力。这就是大学学习的本质问题，也是大学生成长的规律。

所以，在大学阶段学习和成长过程中，大学生要牢固树立知行合一的理念，不仅要刻苦学习科学文化知识，更要理论联系实际，用所学知识去解决社会现实中的问题，将所学知识转变为自己的能力素质，从而提高自己就业和职业发展竞争能力。

（二）培养学习成长的能动性

实施大学生涯规划最关键的是执行力，执行力从何而来？学校的教育管理对规划的实施有一定的作用，但不可持续，力度也比较小。因为学校的教育管理是大学生学习和成长的外因，是执行力产生的外因条件之一。

提升大学生涯规划的执行力最主要的是靠大学生的内驱动力，这种内驱动力就是大学生学习和成长的能动性。只有能动性强，内驱动力才强大且持续，大学生涯规划才能有效实施。

大学生如何才能有学习和发展的能动性？首先要有正确的人生观和价值观，其次要有清晰的学习发展目标，最后要增强专业学习的兴趣。总而言之，就是要努力培养自己的意志力、自律力，养成良好的学习和成长习惯。

（三）坚持以项目式为主要学习方式

很多大学生的生涯规划不能有效实施，一个重要原因就是没有与专业学习有机结合、大学生涯规划与专业学习脱节，毕竟大学阶段的一个重要任务就是专业学习。

大学生涯规划的重要内容之一是专业学习，通过专业学习有效实施大学生涯规划，良好的学习方式显得尤为重要。大学生的学习方式很多，项目式学习应该成为大学生的一种主要学习方式。

项目式学习，就是要结合专业学习内容，结合大学生涯规划内容，选择社会真实的需求或问题，明确项目内容，通过组建团队，制订项目执行的完整方案，然后实施这个方案并将获得的项目成果进行分享和完善。

项目式学习不仅可以应用于专业学习内容，还可以进行自我认知探索，行业、企业、职业、专业认知探索都可以采用项目式学习方式。项目式学习既是知行合一理念的体现，也是激发能动性的有效方式之一，更是提高实施大学生涯规划执行力的有效方法。

（此文写于2021年11月5日）

大学生能动性教育的内容与方法

能动性不仅是大学生学习和成长的动力，也是未来职业发展的动力。大学生能动性教育是最重要的教育，也是最难进行的教育。大学生能动性教育应该坚持系统思维，融入高等学校的各类教育活动。在目前高校学生的各类教育活动中，能动性教育并未受到应有的重视和关注。

一、为什么要对大学生进行能动性教育

能动性是指人在实践过程中表现出来的能力、作用、看法，即人自主、主动、能动、自由、有目的地活动的特性。

能动性教育是根据社会发展的需要和教育现代化的要求，教育者通过启发、引导受教育者内在的教育需求，创设和谐、宽松、民主的教育环境，有目的有计划地组织、规范各种教育活动，从而把受教育者培养成为独立自主、自觉能动、积极创造地进行认识实践活动的社会主体。一句话，能动性教育是培育和发展受教育者能动性的一种社会实践活动。

为什么要对大学生进行能动性教育？

第一，从教育的视角来看。大学生作为一个正在成熟和发展中的个体，他们的能动性需要通过多种途径、多种方法、多种形式进行激发、引导、培养和发展。教育在本质上是对个体能动性的培养过程，是一种能动性教育。

第二，从大学生成才的因素来看。按照唯物辩证法的观点，人的成才由内因和外因两个方面起作用。外因包括平台、团队、资源、教育等，只是个人成才的条件。内因就是人的能动性、能力、素质等，而能力、素质的形成也与能动性直接相关。人的能动性是个人成才内驱动力的源泉，是原动力，

是最核心最关键的东西。因此，能动性是大学生成才的根本性因素。

第三，成才主体意识不强是大学生普遍存在的问题。2023 年我国高校毛入学率为 60.2%，“千军万马过独木桥”的高考时代已经过去，高等教育普及化时代已经到来。随着大学生群体人数的不断增加，成才发展主体意识不强成为高等教育普及化时代的显著特征之一。从总体情况来看，高考录取分数越高的高校，其学生成才发展的能动性相对较强；反之，高考录取分数线越低的高校，其学生成才发展的能动性相对较弱(排除少数人及个案)。从这方面来看，高考录取分数越低的高校对学生开展能动性教育的压力越重、任务越迫切。

二、大学生涯教育中能动性教育的内容

什么是大学生生涯教育？生涯教育是以培养具有健全人格、独立生存能力、全面发展素质的人才为目的，有目的、有计划、有组织地培养大学生生涯意识与技能，提升个体生涯发展综合能力，促进个体生涯发展活动开展，更是以引导个体实施大学生涯规划并落实规划为主线的综合性、过程性、实践性教育活动。

大学生涯教育中的能动性教育内容可以从以下三个方面重点展开。

一是大学生的成才发展能动性。通过正确的人生观和职业价值观教育，增强大学生对自我人生发展的责任感，奉献国家的使命感，服务社会的价值感；通过生涯规划的理论学习，进行个人职业特质探索、职业环境实践认知，明确个人职业发展方向，确立大学生涯具体的发展目标(就业、升学、创业)。大学生涯发展目标越清晰、越具体，大学生成长发展的原动力越大，能动性就越强。

二是大学生的专业学习能动性。大学生的主要任务是专业学习。很多学生和家长对专业的认知是十分有限的，他们对大学所学专业的课程体系一无所知，对专业对应的行业也知之甚少，对所学专业未来可以在哪些行业从事何种职业不清楚，对将来可能从事的职业发展路径、职位层级以及职业能力要求、标准不清楚。许多学生因此对专业学习缺乏兴趣，有的甚至产生专业厌学情绪。要激发大学生对专业学习的能动性，学生就要充分了解行业的发展方向，了解行业要解决的社会问题，了解行业发展的社会价值，增加学生对行业的热爱度；学生要了解未来职业的发展路径，了解职业对能力的要求及标准，从而增加职业兴趣；学生要了解专业的知识结构和就业方向，了解本专业校友职场发展状态，从而增加专业学习的能动性。大学生通过对行业、企业、职业、专业的实践认知，提升专业学习的能动性。

三是大学生的就业创业能动性。针对目前大学毕业生中慢就业、不就业现象增多的现状，要引导大学生认识到就业对大学生成长发展的好处、对家庭和社会的作用。要改变大学生就业观念，正确认识职业，使其形成正确的职业价值观。要对大学生进行科学家精神、工匠精神和企业家精神教育，帮助大学生树立正确的职业精神。要引导大学生通过项目式学习，了解社会的真实需要和真实问题，在干中增强就业创业的能力和信心。要引导大学生开展创新创业活动，培养创新创业意识，增强创新创业能力。大学生只有改变观念，提升了就业创业能力，才能增强就业创业的能动性。

三、大学生涯教育中能动性教育的方法

第一，要树立正确的生涯教育理念。正确的理念是做好工作的前提。正确的生涯教育理念源于对大学生生涯教育的本质把握和规律认识。大学生涯教育理念源于人才培养理念。能动性教育要以学生为中心，以大学生成长发展为本，尊重学生的差异性。只有尊重学生个体的差异性，才能因材施教，分类培养，使教育活动具有针对性、精准性和实效性；只有尊重学生个体差异性，才能激发学生的能动性，培养学生的实践性。差异性、能动性、实践性是互相联系、融为一体的，只坚持一方面或两方面都难有效果。差异性、能动性、实践性之间具有清晰的逻辑关系，差异性是基础，能动性是内驱动力，实践性是方法途径。

第二，要与专业教育有机结合。能动性教育的目的是增强学生大学生涯发展的内驱动力。学生大学阶段的主要任务是专业学习，大学生能动性教育不能孤立开展，要与专业教育有机结合，发挥专业教师的育人作用。教师不仅要传授知识，更要激发学生的学习兴趣。要把能动性教育的内容纳入专业课程体系，在公共通识基础课程板块设置相应必修课程，在专业基础课程板块增加行业、企业、职业、专业认知实践课程，在专业课程板块增设面向学生不同职业特质的职业发展方向课程。

第三，要激发大学生的主动参与性。要认识到大学生是能动性教育的学习主体，在能动性教育活动中引导、激发、培养和发展学生参加的积极性，在内容、形式、方法设计和教学组织上坚持以学生为本。要坚持理论学习和实践探索相结合，以实践认知为主。要坚持问题导向，紧紧抓住学生成长发展的实际问题。要坚持共性教育与个性教育相结合，以个性化教育为主。

第四，要建设专业化的生涯教育队伍。要设置生涯教育专职教师岗位，建立职业化的师资队伍。要对辅导员和专业教师进行生涯教育专题培训，提升他们的能动性教育业务能力。要引进社会师资，包括优秀校友、职场成功

人士、专业机构人士等，优化学校生涯教育师资队伍结构。要对学校生涯教育队伍进行各类业务能力培训，不断提升师资，适应大学生能动性教育的专业化水平。

第五，要丰富大学生能动性教育的形式。大学生能动性教育形式是多样的。课程教育是共性教育活动，这种形式的优点是参与人数多、课程有系统性，缺点是没有注重针对性。主题报告、团体辅导、工作坊等的优点是聚焦某个主题、针对一类问题，但缺点是个性化不太强。个性化咨询的优点是具有个性化、针对性，但缺点是受众面小。从学习的方式来看，理论学习、实践学习这两种学习方式也是各有优劣。从载体方式来看，有线上、线下和线上线下结合的。所以，大学生能动性教育的形式、载体等是多样的，关键是要充分发挥各种形式的优势，根据不同对象及其内容要求，选择不同形式、方法和载体开展能动性教育活动。

（此文写于 2021 年 11 月 26 日）

高校人才培养过程与学生就业工作

党中央、国务院高度重视大学生就业问题，各级政府部门也十分重视大学生就业工作。教育部一直强调要把大学生就业纳入高校重点工作、融入人才培养全过程。高校学生就业工作与高校人才培养过程究竟有何关系？高校学生就业工作在人才培养过程中的每个环节发挥着什么作用？本文将就此问题进行讨论。

一、高校人才培养过程

如何理解职业化？笔者认为，职业化是由程序化、标准化和专业化构成的。其中，程序化是指任何职业活动都可以分解为若干道程序或环节，标准化是指每个程序或环节要制定明确的服务内容、服务标准要求，专业化是指完成每个程序或环节所要求具备相应的专业能力。

高校的人才培养工作是育才的一项职业化活动，因此，高校人才培养工作也可以按照职业化的上述要求，进行程序化、标准化、专业化梳理。下面讨论高校人才培养的过程与环节(即程序化)问题。

高校的主要职能包括文化传承创新、人才培养、科学研究、社会服务四个方面，人才培养是最基本的职能。高校的人才培养过程与企业产品生产过程一样，由五个主要环节组成(图 6)。

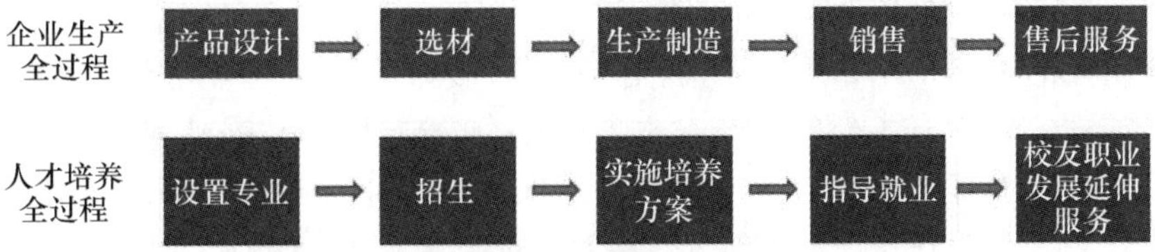

图 6 企业生产全过程和高校人才培养全过程

（一）设置专业环节

企业在生产每一种产品前，先要进行市场调研，根据社会需求和生产能力，确定产品的功能、用途、消费群体、造型及产品名称、代号等。同样，高校人才培养工作不可能脱离社会和市场的需求而独立存在，高校也要根据社会的需求和各专业特点设置专业、确定培养目标，制订系统的专业培养方案。

（二）招生环节

专业设置之后，高校就要通过招生这一环节，确定选拔什么样的学生适合学习某个专业。就像企业生产产品，确定选用何种材料来生产这种产品。因此，在招生这一环节，高校不应只依据分数的高低来选拔学生，而应在考虑分数的基础上，用科学的方法选拔高质量的“原材料”，让不同素质和特质的学生到适合自己的学校和专业学习。

（三）实施培养方案环节

高校人才培养过程的第三个环节就是实施培养方案。高校根据专业培养方案，通过课程教学、社会实践、素质拓展等方式全面实施学校制定的人才培养方案。它等同于企业生产的产品制造环节，这个环节是目前高校在人才培养过程中普遍认同的环节。

（四）指导就业环节

高校培养的人才“产品”与企业生产的产品一样，都具有社会使用价值，但高校培养的“产品”是具有能动性的人。“工业产品”可以称之为“标准件”，同种合格产品的差异极小；毕业生作为高校的“产品”却是千差万别的，虽有与企业产品“销售”环节部分相同的内容，但复杂得多。指导学生就业，即通过职业发展教育与就业指导服务帮助学生了解个人职业特质，了解组织文化和岗位需求，采取课堂教学、讲座报告、团体辅导、个体咨询等形式，为学生提供差异化的职业指导服务，帮助毕业生选择适合自身发展的职业和岗位。

（五）校友职业发展延伸服务环节

企业的产品走向市场后都有“售后服务”这个环节。毕业生作为高校培养的“产品”，也应有类似的环节，本文称之为“校友职业发展延伸服务”。毕业生走向社会后都有一个适应的过程，毕业生在职业发展的初期，其困难和困惑比较多，高校在这一时期应该给校友的职业发展提供延伸服务。由校友会、就业指导中心、院系等部门采取多种方式对校友的职业发展进行指导、咨询，为校友成才提供尽可能的帮助。

二、学生就业工作在高校人才培养过程中的作用

由上述分析可以发现，高校人才培养是一个系统工程。直观上看，高校学生就业工作只能在其中的后两个环节发挥作用。但是，在市场经济条件下，就业市场是人才培养的“晴雨表”，毕业生的就业质量会通过市场这只看不见的手直接检验高校人才培养的前三个环节。高校学生就业工作贯穿高校人才培养的全过程，在人才培养的各个环节发挥着不同的作用。

（一）高校学生就业情况为设置专业和制订培养方案提供科学参考依据

高校毕业生通过人力资源市场的配置情况直接反映学校的人才培养工作情况。高校学生就业与人才市场直接连接，能够及时了解社会和市场的需求；同时，学生就业指导部门掌握了学校各专业毕业生的就业状况，通过对各专业历年的就业信息（如就业率、薪酬待遇、毕业生就业满意度、专业相关度等情况）进行分析，可为学校停招或新开专业、改造或增设专业课程、更新或完善课程内容及修订培养方案提供科学的参考依据。

这就使高校学生就业工作增加了新的职能，由原来的就业指导、信息发布、组织招聘、综合管理等事务性服务职能，进一步拓展到了解分析人才市场需求、预测市场变化、毕业生去向跟踪调查、校友联系沟通、各部门间的合作协调等方面。高校根据毕业生就业信息和调研信息反馈，加强教学质量监控，实施课程评估、专业评估、教学评估等制度。高校学生就业工作的综合职能和信息反馈作用，必然对专业设置和培养方案制订具有指导意义。

（二）高校学生就业工作影响高校招生的生源质量和数量

学生就业工作的好坏直接影响毕业生就业状况，毕业生就业状况又直接影响高校招生的生源质量和数量。一方面，高考考生和家长会根据高校各专业就业率和就业质量，理性报考学校和专业。另一方面，高校也会根据毕业生就业状况和社会需求，确定本校各专业的招生数量和生源分布，将就业率、就业质量与各专业的招生计划适度挂钩。就业率高、就业质量好的高

校、专业可以扩大招生规模，而那些就业率过低的专业可以减少或者停止招生，这为培养出社会需要的人才打下坚实的基础。

（三）高校学生就业工作促进人才培养方案的实施

目前高校在人才培养方案的实施过程中，比较重视学校师资队伍、硬件配套设施建设等外在因素，忽视了对大学生自主学习内在原动力的开发。唯物辩证法告诉我们，内因是事物发展的根本，外因是事物变化发展的条件，外部环境归根到底通过改变自我意识、驱动内因才能发挥作用。人才培养方案实施的外部因素固然重要，也必须通过学生主体才能充分发挥作用。

大学生才是实施和完成人才培养方案的主体，要提高大学生学习与成才的积极性，必须激发大学生的学习内在动机。学习动机来自清晰的大学生涯发展目标。学生就业工作可以通过职业发展教育和就业指导帮助学生认识自我职业特质，了解社会职业需求，明确个人职业发展方向，从而确定大学生涯的发展目标，激发学生学习的内在原动力，强化学生的生涯规划主体意识，提高其自主学习和成才的积极性，有效促进人才培养方案的实施。

（四）高校学生就业工作帮助毕业生就业实现人职匹配

一个人成才有很多因素和条件，人职匹配是一个人能够成才的基本条件之一。因为不仅每个毕业生的个体特征是有差异的，不同的工作对从业者的要求也是不一样的。人职匹配不一定能成才，但成才必须人职匹配。在就业过程中实现人职匹配是毕业生成才的前提条件，毕业生就业质量的基本衡量标准是毕业生个人的性格、兴趣、能力、价值观等个体特征与选择职位的匹配程度。另外，人职匹配程度越高，毕业生对职位的适应能力就越强，就越容易找到适合自己发展的职业道路。所以，毕业生能否找到合适的工作单位和就业岗位，是影响大学生能否成才的重要方面。

高校学生就业工作通过信息化、专业化、个性化的就业指导咨询与服务，帮助毕业生在求职时确立自己的职业生涯发展目标，选择实现这一目标的适当途径，找到人职匹配的工作单位和就业岗位，这对学生未来成长成才至关重要。

（五）高校学生就业工作促进校友成长成才

毕业生通过职场平台为社会作出贡献、取得一定的标志性成果才能成为人才。毕业生就业后进入一个组织，其成才既需要个人积极努力工作，也需要组织对员工进行职业生涯开发和管理。某校毕业生就业质量年度报告的数据显示，有近 90％毕业半年后的校友希望能继续接受母校提供的职业发展指导和服务。

毕业生离校后的 3～5 年是职业发展的困惑高峰期，学生就业部门可继续为其提供职业指导与咨询服务，跟踪校友职场信息，解决校友职场困惑，帮助校友整合利用社会资源，帮助校友更好适应组织文化，把个人的职业规划与组织的事业发展需求紧密结合，助力校友职业生涯成功。学校为校友提供的职业发展延伸服务，在校友的成长与成才过程中能发挥积极的促进作用。

高校要高度重视大学生就业工作，抓就业就是抓人才培养质量，抓就业指导就是抓人才培养。要站在人才培养的角度谋划和推进高校学生就业工作，高度重视大学生就业工作队伍建设，利用现代信息技术促进学生就业工作的信息化建设。要注重和强化大学生个性化就业指导服务，为大学生提供精准化就业指导服务，充分发挥高校学生就业工作在人才培养过程中的作用。

（此文写于 2021 年 12 月 3 日）

促进大学生更加充分更高质量就业必须解决的六个问题

促进大学生更加充分更高质量就业是新发展阶段中国高等教育的使命，也是高等学校各方面工作的共同目标追求。由于高等学校各个部门的工作职责不同，在实现这一目标过程中，高等学校每个方面工作要解决的问题和内容不尽相同。在此，本文从学生成长发展需要的角度来讨论和分析促进大学生更加充分更高质量就业必须解决的六个问题，主要内容见表 1。

表 1　高校就业工作促进大学生更加充分更高质量就业必须解决的六个问题

解决问题	解决方法	实现目标
我想就业	价值观引导	就业能动性
我有能力就业	大学生涯规划指导	学习能动性
我知道适合去哪里就业	生涯发展指导	合适的就业目标
我知道哪里有需要我的就业信息	就业信息服务	就业信息
我怎样能去那里就业	求职指导	求职能力
我就好了业	职业发展指导	人职匹配・文化适应

一、促进大学生“我想就业”

在现今高校学生就业工作中，经常会听到一些高校就业工作者抱怨“某某学生根本不想就业”。近几年的高校学生就业工作中，大学生“不就业”“慢就业”现象增多是客观事实。在大学毕业生群体中，虽然选择“不就业”或“慢就业”的人只是少数，但这种现象的增多无疑给实现大学生更加充分更高质量就业增加了难度。

少数毕业生“不就业”或“慢就业”是毕业生个人的自由选择，表面上看，高校似乎不应该干预。但这种现象的增多，给学生个人发展、家庭幸福以及社会稳定都会带来负面影响，特别是对学弟学妹们的就业带来十分消极的影响。面对这种现象的出现及扩大化，高校就业工作者不能只是牢骚或抱怨，而是应该针对每个个体情况，进行深入调研，本着以学生发展为中心的理念，采取“一人一策”的办法切实开展就业指导工作。

毕业时，少数大学生选择“不就业”或“慢就业”的原因是多方面的，个体的原因也千差万别，但其中一个共性原因是这部分学生缺乏就业能动性。所以，如何通过生涯发展观教育，引导和激发大学生就业能动性，是促使大学生“我想就业”的关键所在。

在高校大学生就业指导工作中，要通过多种形式和方法，对大学生进行生涯发展观引导和教育。第一，要培养大学生就业主体意识。要让大学生在理念上意识到就业是自己的事，不是家长、高校和政府的事，家长、高校和政府只是从各自的角色或职责上为大学生就业提供服务和帮助而已。第二，要让学生看清楚就业对自身生活、成长和发展的好处。就业能过上自食其力的生活，为家庭减轻经济负担，回报父母的养育之恩；就业能结识朋友，积累社会资源，提升自己的能力，为自己事业发展找到平台和团队。第三，要让学生明白人生的社会价值和社会责任担当。人的社会价值是在解决社会需求问题的过程中体现的，就业就可以通过其就业的组织平台为服务对象解决需求问题，从而体现人的社会价值。不断为社会和国家发展解决需求问题，是每个大学生应尽的社会责任。

二、促进大学生“我有能力就业”

要真正实现大学生更加充分更高质量的就业，就是每个大学生面对社会的人才需求，有能力、素质去满足这一需求，即“我有能力去就业”。这个问题可能比“我想就业”的涉及面更大。可能有人会说，学生就业能力问题是靠专业培养的，是高校教学方面的事情，不属于高校就业工作的范畴。下面来讨论一下，高校学生就业工作在促进“我有能力就业”方面能做些什么。

大学阶段，每个大学生都面临专业学习任务。在同样的大学、同样的专业、同样的教师、同样的环境下，毕业生在就业时的能力、素质往往差异很大，产生这种差异的最根本原因是学生的学习能动性不一样。

大学生怎样才能具有很强的学习能动性？先要确立大学阶段适合个人的成长目标，确定大学阶段结束后是就业、创业，还是继续深造。这个目标越清晰、越具体，大学阶段的学习原动力就越大，即学习能动性越强。大学生涯发展目标确立的前提是清晰个人未来职业发展的方向，而职业发展方向的个人选择又是基于对自我职业特质和职业环境的探索认知，这一过程就是制订大学生涯规划的过程。所以，通过对大学生进行生涯规划的指导与教育，可以有效地激发大学生的学习能动性。

高校就业工作不仅要指导大学生制订个人的大学生涯规划，更应该帮助大学生实施大学生涯规划。要指导大学生把大学生涯规划、创新创业和专业学习三者有机结合，让大学生通过专创融合，加强社会实践，选择具有行业产业真需求、真问题的项目为载体，推进生涯规划的有效实施，在实干中提升就业能力，从而促进大学生“我有能力就业”。

三、促进大学生“我知道适合去哪里就业”

虽然高校都开设了就业指导课程，举办多种形式的就业指导活动，但很多大学生在就业求职时还是十分迷茫。他们不知道自己合适的求职目标是什么、在哪里，主要表现为求职缺乏主动性、乱投简历、随意参加招聘活动、签约后违约、就业后频繁跳槽等。这些现象都有悖于大学生更加充分更高质量就业目标的实现。

大学毕业生求职目标不清晰，是高校生涯教育工作不到位、不专业的结果，也就是说，高校的生涯教育工作没有适应社会经济发展需求，没有满足大学生成长发展的需求，没有适应促进大学生更加充分更高质量就业的目标需求。高校要把生涯教育队伍建设作为高校师资队伍建设的重要组成部分，大力加强大学生涯教育队伍建设，打造一支专兼结合、校内外结合的生涯教育师资队伍。没有高水平专业化的生涯教育师资队伍，就不可能真正解决大学生生涯发展的需求问题。

要促进大学生“我知道去哪里就业”，从具体工作内容来说，就是要帮助大学生进行合理的职业定位与选择。大学生进行职业目标的定位和选择，不能只依据自己所学的专业或者职业兴趣，而是要依据社会需求、个人职业特质、特殊情况、所学专业、行业文化、社会资源六个因素综合考虑，这六个因素的交集点就是理性的求职目标点。

四、促进大学生“我知道哪里有需要我的就业信息”

总体来看，这应该算是一个比较好解决的问题。目前高校向大学毕业生提供就业服务时，比较重视就业市场建设、校园招聘与就业信息服务。此外，人社、教育等部门，以及人才中介服务机构、用人单位等也提供大量就业信息服务。高校大学毕业生就业信息总体来说还是比较丰富的。

当前高校就业信息服务工作还存在服务质量不高、结构性矛盾突出、服务精准化不够、现代信息技术手段应用不够等问题，需要高校继续重视就业信息服务工作，在理念、方法、经费投入、工作人员配备和专业化建设等方面更加努力。

高校就业信息服务应该重点抓好以下三个方面的工作：一是创新工作理念。要围绕学生就业信息服务需求，以学生成长发展为目标，探索新时代高校就业信息服务的本质和规律。只有真正掌握了就业信息服务的本质规律，才可能形成本校的工作理念。二是加强精准化服务。高校毕业生人数多，涉及的学科专业门类多，学生需求和个体情况千差万别。高校就业信息服务工作要重视学生就业信息需求的差异性，既要重视共性服务，更要重视个性化的精准服务。三是重视智能化建设。高校要通过智慧就业中心建设，充分利用各种现代技术，提高就业信息服务智能化水平；另外，加强大学生信息素养培养，提升大学生信息发掘、识别、利用能力。

五、促进大学生“我怎样能去那里就业”

大学生有了就业的愿望、能力和明确的求职目标，就会有精准的就业需求信息。接下来，就是要促进“我怎样能去那里就业”，也就是要解决大学生的求职能力问题。

目前，高校就业指导工作中，在提高毕业生求职能力方面存在的主要问题有以下几个：一是认识上的偏差。有的人认为，大学生求职能力就是求职技巧能力，所以许多高校在就业服务中比较侧重求职技巧指导，有的甚至鼓励学生过度包装。二是求职指导时间安排较晚。有的高校把求职指导时间安排在毕业年级，有的甚至在毕业前夕。三是求职指导活动实际效果不好。有的高校求职指导活动形式单一，片面追求形式和数量，共性指导活动多，没有注重指导质量和针对性。四是求职指导师资专业化不够。有的指导老师自己都没有求职经历，有的指导老师理论水平较高但解决实际问题的能力偏弱。

要提高大学生求职能力，高校就业工作应该在以下几个方面多做探索和努力。一是在认识和理念上，要全面认识大学生求职能力的内涵。除了求职技巧外，求职能力还包括沟通能力、表达能力、写作能力、逻辑思维能力、承受挫折能力等。二是在指导时间安排上，要贯穿大学不同阶段，每个阶段要安排不同的指导内容。在新生阶段就要让学生形成“求职简历不是写出来的而是干出来的”意识，为毕业就业努力学习，全面提升自己的综合能力和素质。三是要注重指导效果，引导学生把求职能力提升作为贯穿大学全过程的一个“项目”进行学习，以学生为主体，面向社会、产业和实际，开展多种学习和指导活动。四是提高求职指导师资能力，组建多元结构的求职指导师资团队，开展多种形式的业务培训。

六、促进大学生“我就好了业”

“我就好了业”是促进大学更加充分更高质量就业最直接的标志，既是更加充分就业的体现，也是更高质量就业的体现。如何看待大学生“我就好了业”，现在高校和社会并没有完全形成共识。有的人认为，大学生找到稳定工作就是高质量就业，也有人认为工资、薪酬、待遇高是就好了业，这个问题需要高校就业工作者深入思考和努力探索。笔者认为，“我就好了业”可以从学生个体和高校整体两个方面来讨论。

就大学生就业个体而言，通俗地说，学生就业后有比较好的发展机会和结果，能在工作岗位上为社会创造更大价值，就是“就好了业”。笔者认为，以下四个方面是评价大学生个体“就好了业”的主要因素：一是人职匹配，就是学生个人的职业能力与职位要求适配；二是与组织文化相适应，就是个人的价值观能够与组织的核心文化相适应，现实中很多人就业时不重视这一点，高校就业指导工作要尤为重视；三是与完善的员工培训体系相适应，员工的成长一方面来自工作锻炼，另一方面来自组织的系统培训；四是薪酬待遇与职场成长性。

就一所高校的整体就业质量而言，笔者认为应该从以下几个方面进行评价：一是学生的整体就业去向落实率，二是学生的协议就业落实率，三是学生对就业单位的满意度，四是学生的就业薪酬待遇，五是学生就业后岗位与专业的相关性，每个方面的评价权重是不同的。

（此文写于 2022 年 2 月 11 日）

打造大学生涯规划课程 3.0 版

按照教育部相关要求，高等学校都开设了大学生职业生涯规划课程。其目的是促进大学生能够合理规划自己的职业发展方向，确立大学阶段清晰而具体的学习发展目标，激发大学生学习和成长的能动性，科学制订、实施大学生涯规划，从而提升大学生就业竞争能力和职业发展能力。随着时代的发展，大学生职业规划课程建设出现了许多新的问题和挑战。如何打造与社会需要和大学生成长需求相适应的大学生职业规划课程，是摆在高校和大学生涯教育工作者面前的一项重要课题。在此，笔者把近几年对打造大学生涯规划课程 3.0 版的一些实践探索与思考进行介绍，以抛砖引玉，供大家讨论与指正。

一、什么是大学生涯规划课程 3.0 版

(一)什么条件下才能进行职业规划

一个十七八岁刚跨入大学校门的大学生能进行职业规划吗？或者说，一个人在什么前提条件下才能进行职业规划？笔者认为，一个人要对自己的职业进行合理的规划，有两个最基本的前提。

一是确实找到了人职匹配的岗位。一个人真正找到人职匹配的职业岗位，不是通过一些职业测评软件测试的人职匹配数值高就是人职匹配了，而应是在某个职业岗位上实际工作了两三年后，自己在这个岗位上干得顺风顺水、得心应手。这种通过实际工作检验的人职适配、文化适应，才能算是真正的人职匹配。

二是个人的职业规划要和单位的事业发展目标紧密结合。一个人在一个单位工作，其个人的职业发展目标和单位的事业发展目标不是对立的，而是统一的。单位为个人职业发展提供了平台和资源，在努力实现单位事业发展目标的过程中，个人的职业发展目标才能实现。离开了单位的事业发展目标去进行所谓的“职业规划”，很容易形成空洞的自我设计。

(二)“大学生涯规划”与“大学生职业规划”的区别

职业规划就是对职业生涯乃至人生进行持续的系统的计划的过程。职业规划包括五个主要内容：自我评估、环境分析、职业选择与目标确定、策略及实施方案、反馈评估。

大学生涯规划是指大学生对自己整个大学阶段进行系统的计划过程，是

大学生通过对自我探索、职业环境探索，在知己知彼的前提下，明确自己的职业发展方向，从而制订大学阶段清晰而具体的发展目标和学习方案。

目前，高校大都用“大学生职业生涯规划”这一提法。笔者认为，这一表述是不准确的，而坚持使用于2004年就在武汉理工大学开设的“大学生涯规划与职业发展”这一课程名称，它比“大学生职业规划”更具有针对性；两者在教育理念、关注重点、内容界定、目标确定以及实施途径等方面，都有很大的区别。

（三）大学生就业指导课程的历史沿革

高校就业指导课程1.0版。中国高校的毕业生在1990年前全部由国家实行统一招生、统一分配的计划分配制度。那个时期高校设置的是毕业生分配工作部门，是没有就业指导可言的。国家从1990年开始在高校毕业生中探索在一定范围内“双向选择”的分配制度。特别是20世纪末期高校开始扩大招生规模后，为适应市场经济发展需要，高校毕业生开始进行“自主择业，双向选择”。从1990年至2007年，高校就业指导课程讲授的主要内容是国家就业政策与大学生求职技巧，这个阶段的就业指导课程就是1.0版。

高校就业指导课程2.0版。我国市场经济快速发展和高校招生规模扩大，导致高校毕业生人数不断增加，社会价值多元化，高校就业指导引入了西方的生涯教育理论。在这种社会背景下，许多高校就业指导部门开始开设适应学生发展需求和社会发展需求的就业指导课程。为规范高校就业指导课程建设发展，教育部于2007年12月发布了《大学生职业发展与就业指导教学要求(教高司〔2007〕7号)》。以此文件为标志，从2008年至今的高校就业指导课程称之为2.0版(以下简称“2.0版课程”)。

大学生涯规划课程3.0版。在“2.0版课程”建设中，我国高校就业指导课程的讲授重点逐步向生涯发展教育转移。高校就业指导战线的同人们经过近20年的实践与探索，逐步形成了中国大学生生涯发展教育的理论、方法与工具，有力促进了大学生的成长发展。但在课程建设实践中，也存在一些错误倾向与问题，过分强调理论知识学习与职业规划书撰写，大学生涯规划缺乏实际执行力。在新的历史时代，大学生涯教育课程需要与课程思政、创新创业教育和专业学习有机结合，这就是大学生涯教育课程3.0版重点要解决的现实问题。

二、高校就业指导课程为什么要版本升级

从2007年教育部发布《大学生职业发展与就业指导课程教学要求》这一文件的题目就可以看出，教育部对高校就业指导课程2.0版的要求是明确

的，它并没有定位在大学生的职业规划方面，而许多高校在“2.0 版课程”建设上也严重偏离了教育部的要求。

（一）高校就业指导 2.0 版课程建设存在的主要问题

缺乏原创理论。“2.0 版课程”依托的完全是西方职业指导理论，没有中国职业指导理论。西方先进的理论当然应该学习与借鉴，但职业指导理论属于社会学科理论，不是自然学科理论，完全照搬的西方理论与中国的职业道德伦理、职业发展现实文化是不相适应的。目前引进的西方职业生涯规划理论具有其独特的历史背景、适用对象和应用场景，很多理论并不适合还没有进入职场的在校大学生。西方理论强调的是以自我为中心的职业发展价值观，这种价值观并不符合人的职业成长现实逻辑。中国大学生的职业发展教育已探索多年，要在马克思“人的全面发展”理论、习近平总书记的青年成才系列理论、社会主义核心价值观这个“魂脉”和中华优秀传统文化这个“根脉”的统领下，形成中国特色的生涯教育自主知识体系。

师资队伍专业化程度不高。目前大学生涯教育教师大多以兼职为主，许多高校并没有认识到生涯教育在大学生成长中的重要性和专业性，没有配备专职教师，对师资的职业能力培养不够，在培训上重视理论培训，而生涯教育师资缺乏对行业和职业的深度实践认知。教师偏重课程教学，但解决学生生涯发展困惑和职业发展实践指导的能力不强。

大学生涯规划和专业学习结合不紧密。大学生的重要任务之一是专业学习，而要掌握过硬的专业本领就应该面向行业、产业和实践学习。“2.0 版课程”虽然强调了生涯教育的作用、传授了职业规划的理论与方法，但缺乏与专业学习的深度结合，即与专业学习相结合的大学生涯规划缺乏成长载体和平台。国学思维告诉我们，一个完整的事物一定是由阴阳两方面组合构成的，生涯教育是阴，专业教育是阳。只有阴阳结合才能形成一个完整的学习与成长系统，两者缺一不可。

规划书缺乏执行力。许多高校把课程讲授重点放在指导学生设计制作职业规划书上，但学生对行业、职业、专业实践及个人认知的实践探索不够，在指导学生实施大学生涯规划方面，教师缺乏有效的指导工具、指导方法和载体平台。最终，学生的职业规划书只是一个大作业，不能很好地落地实施。

（二）打造高校就业指导课程升级版的必要性

市场经济体制的进一步完善对毕业生能力素质要求更高。我国经过 40 多年的市场经济发展，市场体系更加完善，各类要素的市场化配置程度更高。在人力资源市场上，用人单位对毕业生的能力素质要求不断提升。高校毕业生要适应社会对人才的需求，必须在大学阶段科学规划大学生涯，形成较强的学习成才能动性，全面提升自己的能力、素质，增强就业与职业发展竞争力。

国家实施创新驱动发展战略需要大学生具备更强的创新创业能力。要贯彻落实国家创新驱动发展战略，就要大力培养大学生的创新创业能力。大学生通过合理规划大学阶段的专业学习及走上社会之后的发展道路，让专业学习、生涯规划和创新创业有机结合。这就需要对“2.0 版”课程进行创新升级，只有这样才能使大学毕业生的创新创业能力适应国家创新驱动发展战略需要。

大学生涯教育本土化探索的积累需要新的课程载体。对大学生开展生涯教育在我国高校有近 20 年时间。这段时间，全国高校的大学生职业发展教育工作者运用马克思“人的全面发展”理论，借鉴国外职业规划理论，结合大学生涯发展实际问题，进行了有益的实践探索，但需要形成升级版的大学生涯规划课程作为载体来体现。

职业规划教育逐步在高中阶段的实施需要高校生涯教育课程升级。为培养高中生的生涯意识并适应新高考制度改革，我国在高中阶段都开设了职业规划教育课程。职业规划教育的基本理论和方法，学生在高中阶段就学习了。如果高校的职业规划教育课程再不升级，就不能满足大学生涯教育的新需求。高校必须根据大学阶段的学生成长特点，结合专业学习需求及未来职场的创新创业能力素质需求，全力打造大学生涯规划课程 3.0 版。

三、如何打造大学生涯规划课程 3.0 版

（一）大学生涯规划课程 3.0 版建设思路

解决大学生学习和成长的理念问题。学习和成长的理念问题，是大学生在大学阶段学习和成长中最基础、首要的问题。要通过大学生涯规划课程 3.0 版，改变大学生传统学习成长观念，通过树立四种意识，让大学生形成全新的学习成长理念：要培养大学生的“需求价值导向”意识。大学生要关注国家、社会、行业产业需求，再用自己所学的专业知识去有效满足这些需求，才能为国家和社会创造价值；要培养大学生“主动成才”的意识，个人的成才主要取决于自己的选择与努力，能动性和内驱力是个人成长的主要动力；要培养大学生“知行合一”的意识。大学生不仅要重视学习知识，更应该重视用知识去解决现实问题，让知识变成能力；要培养大学生“不断尝试”的意识。大学生要勇于创新，不怕失败，敢于坚持，成功终会来。

解决大学生成长动力问题。升级大学生涯规划课程的一个重要目的就是解决大学生在大学阶段学习和成才的动力问题。在大学生涯规划课程3.0版中，要通过自我认知和职业环境认知，确立大学生涯清晰发展目标，激发大学生成长能动性；要通过对行业、企业、职业、专业认知和专业的项目式学习，激发大学生专业学习能动性；要通过基于专创融合的大学生涯规划，激发大学生就业创业能动性。通过激发成长能动性、专业学习能动性和就业创业能动性，全面增强大学生大学阶段成长动力。

解决大学生成长路径问题。人生最重要的两件事就是“选择与努力”。成长动力是“努力”的问题，成长路径则是“选择”的问题。大学生涯规划课程3.0版旨在指导大学生通过对自我认知探索，明确自己的职业特质，选择适合自己的职业发展方向；通过对行业、企业、职业以及专业认知探索，确定适合自己的行业、职业、职位发展类型；通过职业发展方向和职位发展类型确定，选择适合自己的职业发展成长路径(是走创新发展之路，还是走创业发展之路)，从而确立大学生涯发展目标是继续升学、就业还是创业。

解决大学生学习成长平台问题。这是“2.0版课程”中最突出的问题，课程3.0版要改变以知识传授为主的学习方式，以项目式为主，以四个主要项目为学习的载体平台。一是“自我探索”项目，把学生自我认知探索内容设计为一个学习项目，进行自我探索认知；二是“‘四业’探索”项目，把学生对行业、企业、职业、专业的认知探索设计为一个学习项目；三是大学生涯规划书(大学生涯发展手册)中前两个项目完成后，就要制订大学生涯阶段的学习成长规划书；四是专创融合项目，结合大学生所学专业，按照大学生涯规划，设计一个基于专业学习的专创融合项目。以上四个项目贯穿大学全过程，可根据每个项目的内容要求，合理安排项目学习的时间。

解决大学生学习工具与方法问题。上述四个项目如何落地实施，是需要工具和方法的。大学生涯规划课程3.0版要根据四个学习项目，为大学生提供解决这些问题的工具和方法：自我探索工具，行业、企业、职业、专业的“四业”探索工具，大学生涯发展决策工具，专创融合工具。这些工具和方法具有体系性、层级性和模块化特色，能确保四个项目真正落地实施，从而保证课程开设效果。

培养大学生成长发展竞争力。大学生成长发展竞争力的形成，也是大学生涯规划课程3.0版实际效果的体现。大学生成长发展竞争力，既体现在毕业时的就业求职方面，更体现在未来职场发展结果方面。大学生成长发展竞争力在本课程中是这样培养的：通过四个学习项目的实施，磨砺锻炼学生的可迁移能力、自我管理能力和专业能力；通过四个学习项目成果的展示和呈现，磨砺锻炼学生的可迁移能力与素质；通过四个学习项目成果的持续完善，不断提高大学生职业发展竞争力。

（二）大学生涯规划课程 3.0 版特色

1. 原创中国特色生涯教育自主知识体系

大学生涯规划课程 3.0 版以马克思主义理论为魂脉，以中华优秀传统文化为根脉，聚焦中国高等教育高质量发展背景下大学生涯发展能动性缺失这一突出问题。本课程原创的自主知识体系内容主要包括大学生涯发展意识唤醒与培养、大学生涯建构（知彼与知己）、大学阶段生涯决策与行动等，该体系借鉴但不依赖西方生涯理论，更适合没有西方生涯理论基础的教师、辅导员学习和运用。

2. 大学生涯教育底层逻辑创新

目前我国大学生涯教育课程的底层逻辑是基于西方“特质-因素”理论下的人职匹配。这个理论及其逻辑并没有错，只是我们应用错了，它适用的对象是职业人，其主要作用是解决职场员工的职业开发和管理问题。本课程的知识体系是基于本土化生涯教育探索的辩证唯物主义认识论逻辑下的知行合一，拓展学生生涯认知客观性和全面性，提升学生生涯认知层次，最终促进学生生涯行动。

3. 教学内容实操性强

本课程的知识体系由湖北省高等学校大学生就业指导服务中心组织湖北高校生涯教育优秀师资研发原创而成。课程根据中国大学生生涯发展现实情况，针对大学生生涯发展过程中的专业学习、就业、创业能动性缺失问题，社会与职业环境探索、专业学习认知问题，大学阶段的生涯决策、行动问题，原创设计了解决相应问题的模型和学习实践活动实操方案，对于促进大学生生涯行动具有很好的实操指导作用。

4. 实现了生涯教育与专业教育的有机结合

本课程的知识体系在内容设计上以认知行业、企业、职业、专业为主，在知彼过程中实现学生生涯建构，这些内容是围绕着促进专业学习和职业发展而设计的；在学涯决策行动上，以专业学习为载体而进行学涯阶段的目标设定与规划实施；在学习方式上，通过以项目为主线、以教师为引导、以学生为主体的“翻转课堂”，全面提升学生的职业能力，促进学生充分就业、高质量就业。

（此文写于 2022 年 2 月 25 日）

高校大学生就业工作的主要问题

做好一项工作，要抓住事物的主要矛盾或矛盾的主要方面。只有认清事物的主要问题，才能抓住事物的主要矛盾。当前，高校大学生就业工作的主要问题是什么？

2023 年，全国普通高校毕业生为 1158 万人，毕业生人数再创历史之最。有的人认为毕业生数量多是当前就业工作的主要问题，面对这个问题，创造为毕业生提供用人单位需求信息才是关键；也有人认为，新冠疫情让很多小微企业自身难保，这严重减少了毕业生就业岗位的需求，给高校大学生就业增加了难度，疫情影响是最主要的问题。

上面说的几个方面都是客观存在的事实，也确实对大学生就业产生了一定影响，但笔者认为这些方面并不是大学生就业工作最主要的问题。毕业生人数虽然多，但全国新增就业岗位数是超过毕业生总人数的，在全国就业人员群体中，大学毕业生在各类就业人员中还是有学历、专业、年龄等优势的，只要愿意就业，大学生是有竞争优势的。疫情确实对市场主体特别是小微企业有影响，但最受影响的市场主体是竞争力最弱的个体工商户，这类市场主体的主要就业人员是社会普通就业人员，而非大学生群体。我国政府在保市场主体促就业方面出台了很多政策，各级政府人才公共服务机构、市场化人才服务中介机构、高校就业部门为大学生提供的就业岗位数量是超过毕业生总数的，大学生就业市场中出现了一方面大学生就业难、另一方面用人单位招聘难的局面。

基于在高校接触到的各种信息和数据，笔者认为目前高校大学生就业工作面临的主要问题是“大学生不愿意就业”和“大学生没有能力就业”。

一、第一个问题：大学生不愿意就业

部分大学毕业生“不愿意就业”，这既是大学生就业中的一种现象，更是大学生就业工作存在的一个问题，令许多高校毕业班辅导员很无奈或束手无策。

大学毕业生中存在“不愿意就业”群体，产生这个问题的原因是多方面的。从社会方面来看，我国区域经济发展不平衡、行业收入差距较大、社会职业价值观误区多、社会就业观念滞后等因素，都对大学生不愿意就业产生了一定影响。从家庭方面来看，有的家长认为家庭经济收入可以养活暂时不就业的孩子，孩子先不就业，玩一段时间无所谓。从高校方面来看，大学生涯教育的专业化程度不高，辅导员没有能力帮助大学生树立起愿意就业的观念。从毕业生方面来看，有的学生缺乏就业能动性，没有看到就业对自身发展的好处与利益，没有认清不就业对自身的弊端；有的学生职业价值观不正确，或个人就业能力不强，对就业产生了恐惧感，因而不愿意就业。

部分大学生“不愿意就业”有多方原因和情况，但归纳起来有四类：一是由于社会各种因素引起的心理问题而不愿意就业，二是对就业岗位待遇的期望高于个人实际职业能力而不愿意就业，三是个人的价值观引起就业观念问题而造成不愿意就业，四是个人的就业能力不强、竞争力差而不愿意就业。

当大学毕业生“不愿意就业”时，不管学校或政府相关部门为其提供多少就业需求信息都是无用的。因为大学生“不愿意就业”，说明大学生就业的内因方面出了问题，大学生缺少了就业的能动性或内驱力，内因才是事物的关键，大学生不愿意就业才成为就业工作面临的主要问题。其他问题是外因，是条件。所以，解决大学生“不愿意就业”这一问题，远比提供需求信息服务要直接、根本和重要得多。

二、第二个问题：大学生没有能力就业

“大学生没有能力就业”，表述更直接更准确一点就是大学生的就业能力不能适应其期望的就业单位和岗位的能力要求，也就是就业单位的能力要求高于大学生个人的实际能力。

就业时，想去工作环境好一点、薪酬高一点、发展机会多一点的单位，这是人之常情，也可以理解。现实的大学生就业工作中，普遍存在的不是没有大学生就业的用人需求信息。往往是一个大学生有几个甚至多个用人需求信息，他也认为用人单位给的薪酬不高，没有达到自己的期望，或认为地域不理想、环境不优越、发展机会不多、工作太累等。大学生普遍缺乏雇主意识，没有换位思考，不站在雇主的角度考虑问题。大学生不了解做企业和创业的难处，不知道一个员工在企业存在的价值要以自己为企业创造的收益为前提的道理。大学生缺乏对企业发展和社会状况的了解，只是站在个人的角度考虑太多，因而出现就业期望高于个人实际能力，于是产生了大学生没有能力就业的问题。

大学生“没有能力就业”问题的产生，有前述就业期望高于个人实际能力的原因，但更多是大学生在大学期间缺乏学习成长的能动性而没有努力学习成长，造成个人能力素质不高。还有一个重要原因是高校的培养方案、课程体系、师资队伍、教学方法等方面不能满足社会的用人需求，导致人才培养质量不能满足社会的需要。

三、解决问题的方法

高校对目前大学生就业工作的主要问题看法不一致，开展大学生就业工作的主要做法就不尽相同。有的高校把收集用人单位需求信息、拓展校园招聘市场当作就业工作重点，有的高校把信息化、智慧化当作就业工作重点，有的高校把宣传就业创业政策、开展求职技巧指导当作就业工作重点。

笔者从个人 40 多年的高校就业工作经验来看，用人单位需求信息收集、校园招聘市场拓展及信息化、智慧化等工作是高校大学生就业的基础性工作，特别是在当今技术发达的互联网时代，各级政府的人才服务机构、社会各类人才服务机构收集了大量的用人单位需求信息，一般规模以上企业和各类事业单位招聘人才都会在官网发布需求信息。所以，用人单位需求信息并不是高校大学生就业的重点工作，其重点工作是生涯教育和就业指导。

根据对目前高校就业工作主要问题的判断，笔者认为，要解决大学生“不愿意就业”和“没有能力就业”这两个问题，应该从以下几方面重点开展。一是切实抓好大学生涯教育。通过建设专业化生涯教育队伍，对大学生开展基于专创融合的大学生涯规划教育，切实激发大学生成长发展的能动性、专业学习的能动性和就业创业的能动性。二是切实推进大学生就业指导教育工作。通过进行多种形式的就业指导教育活动和职业价值观、就业价值观引导教育，转变大学生就业观念，培养大学生就业意识，降低大学生求职期望值，合理进行职业的定位与选择。三是着力提高高校人才培养质量。切实深化高校人才培养改革，通过产教融合和产业学院建设，提高人才培养质量；通过开展大学生职业能力培训和组织参加职业技能相关大赛，系统推进大学生就业工作。

（此文写于 2022 年 5 月 6 日）

“四维并举、系统推进”，促进大学生充分就业

计算机与自动化学院是武汉工商学院凸显民办高校背靠企业办学特色，引入企业与现有优势专业深度合作的“新工科改革示范区”。该学院坚持以学生发展为中心、以社会需求为导向，系统推进“生涯教育领就业、人才质量保就业、训赛提能优就业、自主创业促就业”的四维就业工作举措，探索促进大学生更加充分更高质量就业的途径与方法。

一、生涯教育融入学院人才培养全过程，以生涯教育引领就业

学院在人才培养课程体系建设中，通识课程模块设置了大学新生教育、大学生涯规划、大学生创新创业基础等课程，激发学生成长发展的能动性；专业基础课程模块设置了专业导论、行业认知、行业实习实践等课程，激发学生专业学习的能动性；专业课程模块根据学生职业特质设置了不同职业发展路径的选修课程，提升学生就业创业能力，激发学生就业创业的能动性。学院在就业工作中坚持尊重学生差异性、激发学生能动性、培养学生创新性的教育理念，通过开展生涯咨询、朋辈辅导、职业发展工作坊等形式，切实解决大学生“我想就业、我有能力就业、我知道适合去哪里就业、我知道哪里有需要我的就业信息、我怎样能去那里就业、我就好了业”六个就业实际问题，以生涯教育统领学院就业工作全局。

二、形成“三业融合、三师联合、四品递进”的人才培养模式，以人才培养质量保就业

学院与上海子杰软件有限公司密切合作，院长即企业负责人，教师即企业工程师，专业学习即企业实训，教学场景即企业实景，实现专业、企业、行业的“三业”深度融合。学院对标行业技能需求提升专业建设质量、开发校企合作课程、打造校企融合的实习实训基地，搭建产学研服务平台，利用校内优秀教师、企业资深工程师、行业知名专家进行“三师”联合授课，打造高质量师资队伍。学生根据社会的真实需求完成创意作品，在企业的真实场景下完成创新样品，学生参与企业真实的招投标项目完成创造产品，根据市场需求完成创业商品。学院通过建设“泛 IT 现代产业学院”，根据社会的“真需求”“真问题”，让学生扮演职业的“真角色”，以行业产业的“真场景”“真过程”全面提升人才培养质量，确保学生更加充分就业。

三、搭建职业能力培训与技能竞赛平台，以训赛提能促就业

依托学院师资和实践平台成功获批 3 个省市就业部门的职业技能培训平台：2020 年获批“新型学徒制”培训基地；2021 年获批武汉市就业技能定点培训机构和高技能人才培养基地，成功获批 5 个行业、湖北省及国家级职业技能大赛集训基地；2021 年获批世界技能大赛移动应用开发项目的国家集训基地，2021 年获批世界技能大赛 2 个湖北省集训基地，2022 年获批全国“新职业技能大赛”湖北省 2 个项目的集训基地。学院积极承办多个市、省、国家级技能赛事：2019—2021 年累计承办世界技能大赛湖北省选拔赛、湖

北省“工匠杯”职业技能大赛、武汉市职业技能大赛共16场次。3年来，全院学生累计参加职业技能培训与技能大赛891人次。通过组织学生参加职业技能培训和技能大赛，提高学生的就业竞争能力，以训赛提能优化学生就业质量。

四、开展多种形式的创新创业教育活动，以自主创业促就业

学院根据“泛IT”行业产业发展状况，邀请行业知名专家、商业领袖、优秀创业校友对全院学生进行“工匠精神”“企业家精神”教育，以正确的创新创业价值观引导学生开展创新创业活动，形成学院创新创业文化。组织学生参加“创新创业训练营”等创新创业实训项目，孵化学生创新创业项目和团队。“专赛结合”提升学生创新创业能力，组织具有创业特质的学生参加“创业精英班”“互联网＋创业大赛”“创青春”创业大赛等活动，培养创新创业人才。组织创业校友之间参加“私董会”“创业沙龙”“项目路演”等活动，加强创业校友之间的交流与合作，促进创业校友企业发展。

通过“四维并举”，探索系统促进大学生就业的途径与方法，该学院的就业工作取得良好效果：2022年学院首届毕业生全部落实毕业去向，共培养“全国技术能手”1人、“湖北省技术能手”15人、省级优秀教练21人，学院获政府部门职业能力基地建设和赛事集训基地建设经费760万元，122名学生在各类创新创业大赛活动中获奖。

（此文写于2022年6月3日）

就业工作老兵聊高考志愿填报

又是一年高考志愿填报季，考生和家长面临许多困惑和选择。作为一位从事高校大学生就业工作40多年的老兵，笔者从就业的角度聊聊高考志愿填报这个话题，以供参考。

一、高考志愿填报考虑的重要因素

“今天的生活品质是你昨天选择和努力的结果，今天的选择和努力将决定你未来的生活品质”，这句话充分说明了“选择”和“努力”的重要性。“选择”和“努力”是人生中最重要的两件事，关键时刻的“选择”决定着人生的发展方向，关键时刻的“选择”有时比努力更为重要。高考志愿填报当属关键时刻的“选择”，填报高考志愿时，考生应该考虑的重要因素是什么？

学校选择是高考志愿填报要考虑的最重要因素。有人认为，选择好专业比选择好学校更重要，对此，我是持相反意见的。一所好学校预示着你上学时有一批好同学，有一个好的学习成长环境，未来有一批优质校友资源；一所好学校，就预示着你会有一批好老师、好的实验室、图书馆；一所好学校预示着你会沉浸在一批一流专业、一流学科和特色学科群中；一所好学校预示着你未来有一批优质的就业单位供你选择，你的择业机会就会多很多。

城市选择是高考志愿填报要考虑的第二个重要因素。填报高考志愿时，为什么要考虑学校所在的城市这一因素，主要是将来就业的地域。毕业后你想在哪个城市或地区就业，最好是选择所读学校所在的城市或地区。因为你可以尽早适应那个城市或地区的人文环境。大学期间，你在这个城市或地区实习实践更方便、机会更多，在这个城市或地区校友资源更多，社会资源会更丰富。

专业选择也是高考志愿填报要考虑的一个主要因素。高考志愿填报时，之所以要考虑专业因素，是因为专业和毕业后的就业有一定的关系和联系。同时，不同特质的人对同一专业的兴趣不同，兴趣影响专业学习的内驱动力。我们既要看到专业对大学期间学习和未来就业的影响，也不要过度夸大这种影响。一方面，家长和考生对专业的认知十分有限，他们并不知道专业的定位、培养目标和课程体系；另一方面，他们也不一定清楚专业和职业的关系、专业知识技能在职业发展过程中的作用。考生在选择专业时，不能盲目追求热门专业，一定要结合个人兴趣等因素进行综合考虑。

二、大学生就业时用人单位最看重什么

用人单位在招聘毕业生时，考虑和选择的因素很多，不同用人单位选择的条件和因素也有所不同。总体来看，用人单位招聘毕业生，最看重的是以下几个方面。

第一是毕业生综合素质与能力。高考咨询时，家长和考生问得最多的问题是“什么专业好就业”。其实，再好的专业，你的综合素质和能力差，都不好就业。我国实行的是社会主义市场经济，市场经济的本质特征是竞争，竞争靠的是人才，人才的真正标签是综合素质与能力，而不是一纸文凭。文凭只是代表接受教育的程度，知识应用才会变成能力。特别是企业用人单位，更看重人才能为企业解决现实问题，创造商业价值和利润的综合素质与能力，这种综合素质与能力包括可迁移能力、自我管理能力和专业能力。

第二是学生的毕业学校。用人单位十分看重大学生的综合素质与能力，一些普通高校综合素质、能力很强的毕业生也能够找到非常好的就业单位。虽然国家出台了禁止就业歧视的相关政策，但仍有部分用人单位在实际招聘中非常看重毕业生就读的高校情况；即使一些名校的硕士毕业生，其本科学

校非名校，在就业时受“第一学历”影响也是客观事实。站在用人单位的角度来看，看重学生毕业学校也不是毫无道理，因为名校学生已通过高考选拔了一遍，其基本素质有保障。名校代表了学生的基本素质、学习能力、学习态度等方面非常优秀，录用名校学生也是规避人才风险的一个简单方法。

第三是毕业生身心健康和社会品格。身心健康是做好工作的前提和保障，人的道德品质修养是成就事业的基本保障。在社会竞争日趋激烈的环境下，调整好个人心态，保持身心健康是大学生的必修课。拥有正直、善良、上进和负责任的品格，对大学生就业和未来职业发展十分重要。用人单位在招聘时非常看重大学生的身心健康和社会品格等因素。

第四是所学专业与其实际水平。想进专业直接对口的行业时，大学所学专业确实是用人单位要考虑的一个因素。特别是一些技术性非常强的就业岗位，用人单位不仅会考虑专业因素，更会考核毕业生的专业水平与实际能力。虽然一些专业性很强的岗位用人单位会考虑所学专业，但也不是绝对的，用人单位往往也会考虑相近专业或一些相关基础性专业。在专业性问题上，用人单位同时看重专业基础、学习能力和综合素质。

三、如何看待专业与职业的关系

如何看待专业与职业的关系，考生和家长往往会有很多误区。有的人认为学习了某个专业，就业就一定要对口，否则专业所学就浪费了；有的人认为学习了某个专业，就业就只能到相应的行业去，如汽车工程专业就只能到汽车公司去就业；有的人认为职业能力就是专业能力；等等。专业与职业的关系可以从以下两个方面来理解。

专业只是职业定位与选择的一个维度。大学生在求职就业时，如何进行职业的定位与选择，从哪几个维度来进行职业定位与选择？笔者认为，应从以下六个维度来考虑：一是社会需求。社会需求量大，发展与成长机会就多。二是个人职业特质。个人职业特质包括个人职业价值观、性格、兴趣和能力倾向等。三是大学所学专业。四是个人价值观与就业单位组织文化的适应性。五是个人的各种社会资源。六是个人的一些特殊情况。一个人的职业定位与选择点就是以上六个维度的交集点。由此可以看出，大学所学专业只是职业定位与选择的一个维度，而不是唯一维度。

学习一个专业可以到多个行业领域就业。根据前文提到的职业定位与选择的六维度因素，可以得出这样一个结论：学习一个专业可以到专业对口用人单位就业，也可以到很多相关行业就业。

（此文写于 2022 年 6 月 24 日）

教育的最高境界是激发学生的能动性

有人认为，教育就是为学生传授知识；也有人认为，教育就是提升学生素质能力；还有人认为，教育的核心任务就是教学生如何做人……这些不同的观点，其实是从不同角度反映了社会对教育不同层面的期望。这些观点或许都对，但笔者以为，教育的最高境界是激发学生的能动性。

一、“学霸”和“学渣”的根本区别

学生中存在两类极端群体。日常生活中，人们经常把爱学习且成绩非常优秀的学生称为“学霸”，把不爱学习且成绩很差的学生称为“学渣”。笔者并不赞同这两种称谓，这里暂且先不讨论这两种称谓合适与否，只是先借用这两个名词来代表两类极端的学生。

“学霸”与“学渣”的学习表象。被称为“学霸”的学生，由于特别爱学习，家长和老师经常给他们提醒的话语是“你要注意身体”“你要注意休息”，但他们总是以学习为乐，不需要家长和老师督促、管教，显示出很强的主动性。被称为“学渣”的学生，家长和老师经常给他们提醒的话语是“你怎么又玩游戏了”“你该学习了”，他们将学习视为痛苦，找一切借口逃避学习，表现出很强的被动性。

“学霸”与“学渣”的根本区别。有人认为，“学霸”与“学渣”的根本区别是智商的差距，是学习天分的差距，笔者并不认同这样的观点。笔者认为“学霸”与“学渣”在智商上的差距也许有一点点，但这种差距不足以大到能区分二者的程度，更不存在学习天分的问题。两类学生的根本区别主要表现在三个方面：学习能动性的强弱、学习生活习惯的好坏和学习方法的优劣。其中，习惯和方法又受能动性因素的影响。

二、能动性及其内涵

能动性的定义。能动性指的是对外界或内部的刺激或影响做出积极的、有选择的反应或回答。人的能动性与无机物、有机生命体、高等动物的能动性有别，称为“主观能动性”，其特点是通过思维与实践的结合，主动地、自觉地、有目的、有计划地反作用于外部世界。

能动性的内涵。一个人的能动性是由三方面内容构成的：目标(目的)、内驱力和执行力(图 7)。

能动性三方面的关系。在能动性内涵三个方面中，内驱力是能量系统，

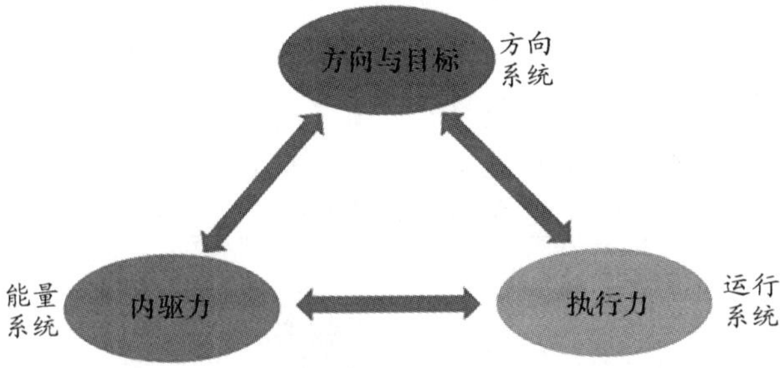

图 7　能动性内涵构成

一个人的动能越大，内驱动力则越强，而人的动能需要目标的诱导；执行力是运行系统，内驱力再强大，如果没有启动运行，没有运行系统中的执行力，一切都是空谈；目标(目的)是方向系统，运行系统启动后，朝什么方向运行非常重要，如果方向反了，则会适得其反，还不如不运行。所以，目标(目的)既是内驱力的诱导因素，也是执行力的方向把握因素。目标、内驱力和执行力三者之间相互影响、相互产生作用力或反作用力。

能动性教育的适应范围。无论是家长，还是教育工作者，如果能全面准确理解能动性的内涵及其三者之间的关系，那么在家庭教育和学校教育中，能动性三方面内容都是可以在学生成长发展过程中实施和应用的。

三、如何激发学生的能动性

如前所述，能动性内涵主要包括三个方面，即目标(目的)、内驱力和执行力。激发学生的能动性，就是帮助学生树立目标(明确人生目标和阶段性目标)，增强学习成长发展内驱力和执行力。

如何确立目标。人的发展目标是由长远目标、阶段目标和近期目标构成的。长远目标是人生发展愿景和理想，阶段目标是为实现长远目标在人生发展各个阶段的具体目标，若干近期目标的构成和执行是实现阶段目标的基础。不同年龄阶段、不同学习阶段的学生，目标确立的方法具有很大的差异性，在此只能简单说一下通用性的目标确立方法：通过对学生进行人生观、世界观和价值观的教育引导，采用多种形式对职场、职业进行一定的认知、体验与探索，初步明确自己最想要什么、最擅长什么、对什么职业最感兴趣来确立自己的长远目标、阶段目标和近期目标。

如何增强内驱力。内驱力是影响能动性强弱的重要方面，人的内驱力的激发是需要通过外部因素对内在动机进行诱导的，这个因素就是人对生活与发展的目标(目的)。人是同时具有动物自然属性和社会属性的，根据马斯洛需求层次理论，人的低层次需求目标的实现，虽然也需要价值观引导，但起主导作用的是人的动物自然属性需求的目标诱导。人的中间层次需求目标的实现，起主导作用的是“三观”的教育引导。人的最高层次需求目标的实现，起主导作用的是信仰和精神的引导。不同层次需求的诉求会让人确定不同的生活发展目标，产生强弱不同的内驱动力(图 8)。

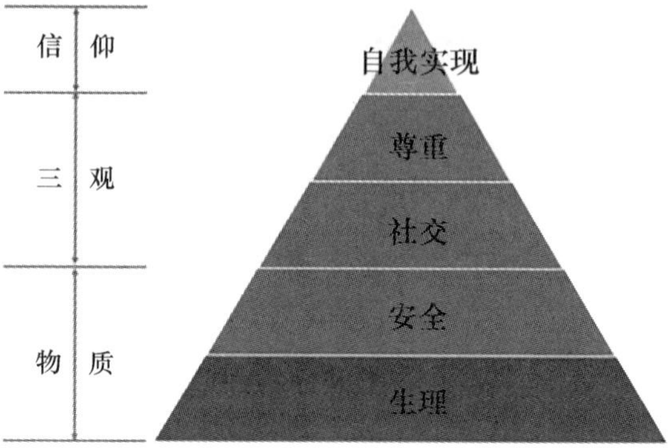

图 8　需求层次与诱导因素

如何强化执行力。执行力是影响能动性目标因素实现的重要方面，执行力既受目标的导向，又是内驱力实现的载体，执行力的强弱也受内驱力的影响。强化学生的执行力，第一是提升学习能力，强化知识运用，鼓励学生在干中提升个人学习能力；第二是帮助学生养成良好的个人生活与学习习惯，在生活、交友和学习等方面从小开始，从一开始；第三是鼓励学生把长远目标、阶段目标和近期目标相结合，在长远目标中确立阶段目标，把阶段目标分解成若干个近期目标；第四是学会时间管理，学会区分主次，提高学习生活效率，充分利用整合资源；第五是培养学生的毅力，学会坚持，不要轻易放弃；第六是增强学生的责任感，学会对自己的人生负责，明白人生成功的逻辑是先有付出后有回报。

四、大学生能动性激发的主要内容与方法

对于不同类别的学生，能动性激发具有普适性的理论逻辑，但不同类别学生能动性激发的内容与方式方法不尽相同。在此，笔者与大家探讨一下大学生群体能动性激发的主要内容与方法。

激发大学生能动性应该坚持系统思维。激发大学生成长发展能动性是高等教育最重要也是最难做的工作，更是高等教育的最高境界。大家试想，当一个大学生成长发展的能动性被全面激发后，会是一个什么样的结果？高校专业建设的因素很多，但最重要的是三个方面：培养目标、课程体系和专业

中的人。培养目标和课程体系这两个因素大家都很重视，而专业中的人(包括学专业学生、专业教师)在专业建设中没有引起足够的重视。所以，激发学生能动性应该体现于人才培养的全过程、全方位，要全员参与，绝不只是辅导员和专业教师的事。

激发大学生能动性的主要内容，可以用“1＋3”来表述。其中，“1”是指一个学生总体的学习成长发展能动性，“3”是指具体的三个方面，即专业学习能动性、就业能动性和创业能动性。

学生总体的学习成长发展能动性的激发，要对大学生进行大学生涯的教育、规划和指导：通过人生观、价值观和世界观的教育和引导，帮助学生明白人的价值就是为他人、社会和国家解决问题和满足需求，增强学生的责任感；通过本土化的生涯教育，帮助学生认识自己的职业特质(知己)，认识社会环境(知彼)，在适应环境的基础上明确个人未来发展方向，从而确立大学阶段发展目标，并制订大学阶段的学习发展规划；帮助学生把大学生涯规划与专业学习、创新创业和就业紧密结合，以项目式学习为主要方式，知行合一实施好大学生涯规划。

专业学习能动性激发。一是重构以学生为中心的专业课程体系，在学习专业基础课程和专业课程体系之前，要开设对专业、职业、企业和行业认知与实践的课程模块；二是通过项目式学习和系列实践活动，让学生对专业、职业、企业和行业有深度的探索、认知与实践，让学生在对“四业”的认知实践中更进一步明确自我职业特质；三是大胆进行专业导论课程的改革探索，增强学生对专业学习的兴趣。

就业能动性激发。一是通过就业教育指导改变就业观念，让学生明白就业是自己的事，清楚就业对自身成长的好处和不就业对自己的坏处，培养学生就业主体意识和雇主意识；二是帮助学生对职业选择进行合理的定位，选择合适的职业与岗位；三是帮助学生确定合理的择业期望，选择与自己能力、素质、价值观相适应的工作单位和就业岗位。

创业能动性激发。一是对学生进行创业价值观教育和引导，形成基于以解决社会问题和满足社会需要为使命的创业价值观；二是对学生进行企业家精神教育，培养学生创业的意识、思维、精神、品质和素质；三是为学生搭建创业实践平台，通过线下＋线上平台让学生以依附、合伙和自主等方式锻炼创业能力。

有些家长经常抱怨自己的孩子不努力，有些教育工作者也经常抱怨自己的学生不上进。笔者认为，没有不好的孩子，只有不好的家长；没有不好的学生，只有不好的老师。在孩子或学生的成长过程中，能动性教育引导远比知识传授重要。家长和教育工作者要改变教育理念，改善教育方法，高度重视能动性教育，帮助学生清晰成长发展目标，培养兴趣，强化内驱力，提高执行力。

（此文写于 2022 年 12 月 7 日）

“建设高质量就业指导服务体系”访谈录

2023 年 3 月 24 日上午，“建设高质量就业指导服务体系”课题组的研究人员对笔者进行了专题访谈。现将访谈内容稍作整理呈现出来，以便和同行们一起讨论交流。

一、你认为高校就业指导服务工作中的难点和堵点主要有哪些

笔者：高校就业指导服务工作在促进大学生就业过程中发挥着重要和积极作用。当前高校就业指导服务工作的难点很多，从个人的经历和视角出发，我认为其主要难点有两个。一是就业指导服务工作的理念不到位。工作理念到位，是基于对某项工作本质、规律的认识和把握。如果高校就业工作者对就业指导服务工作的本质和规律没有清醒正确的认识，理念到位从何谈起？要认识高校就业指导服务工作的本质规律，就要清楚就业指导工作和高校人才培养的关系，就要清楚高校就业工作在人才培养全过程各个环节发挥的作用，就要清楚高校就业指导服务工作对学生成长发挥的作用，就要站在高校人才培养的角度谋划和推进高校就业指导服务工作，要认识到高校就业工作理念和高校人才培养理念是统一的。高校就业工作应该坚持“差异性”“能动性”和“实践性”三性互融的工作理念。其中，“差异性”是指学生个体职业特质的差异性，它是基础；“能动性”包括学生成长发展的目标、内驱力和执行力，它是学生成长的能量系统；“实践性”是学生成长和发展路径、方式。“三性”之间相互区别又相互联系，缺一不可。在人才培养和就业指导服务工作中要尊重学生的差异性，激发学生的能动性，强化学习方式的实践性。二是大学生涯教育本土化和校本化推进不够。目前高校生涯教育在理论上主要依托西方职业指导理论，需重点结合习近平总书记关于人的全面发展理论、党的教育方针、中华优秀传统文化、人的成才规律和现代信息技术等方面进行本土化理论探索，结合学校学科专业特色、双创教育和职业环境实践等进行校本化探索，在本土化和校本化建设方面大力推进。

高校就业指导服务工作的主要堵点有：一是不重视学生能动性激发，通

过就业指导服务工作激发学生成长发展的能动性、专业学习能动性、就业创业能动性不够；二是对学生形成正确就业观、价值观的教育和引导不力；三是师资队伍没有纳入学校师资队伍和干部队伍建设的范畴，在人才的编制、引进、培训、激励等方面没有纳入学校教师和干部队伍建设整体规划。

二、你认为什么是高质量就业？高质量就业主要包含哪些方面

笔者：大学生更高质量更加充分就业既是党中央、国务院高度重视和关心的问题，也是建设中国高质量教育体系、实现教育强国的重要体现和展示点。高质量就业还要关注学生就业去哪里了，国家经济社会发展的战略产业、行业和地区人才需求是否得到了充分满足等问题。

高质量就业的评价应该包括两个方面：一是学生个体的高质量就业，二是高校毕业生的整体就业质量状况。两个方面的指标维度既有一定的相同点，又有一定的区别度。

学生个体的高质量就业评价指标主要包括毕业生个人的工作薪酬、人职适配度、组织文化的适应度、个体对其就业整体状况的满意度等。

高校毕业生整体就业质量状况评价指标主要包括毕业生就业的整体签约率、毕业生平均薪酬、职业和专业的相关性、全校毕业生整体就业去向落实率、学生对就业单位和状况的满意度，以及学生服务国家重点战略产业、行业、地区或项目的人数状况等。

三、你觉得高校高质量就业指导服务体系的主要特征有哪些

笔者：高校高质量就业指导服务体系是指以服务学生成长为中心，以满足社会人才需求为导向，构建充分融入高校人才培养全方位全过程和现代大学制度体系的学生就业指导服务体系。笔者认为，高校高质量就业指导服务体系主要特征有以下八个方面：一是要有先进的工作理念；二是要有健全的组织构架和运行机制；三是要整合社会资源建立专业化、职业化的校院(系)两级工作队伍；四是要建设本土化、校本化的以第二课堂课程为主，以第一课堂课程为辅的系统课程体系；五是要构建完善的生涯咨询和就业指导服务体系；六是要打造职业化校园招聘服务体系；七是要有智慧化的就业指导服务平台；八是就业工作要在学校人才培养工作中充分发挥咨询反馈作用。

四、你觉得高校应该采取什么措施或手段建设高质量就业指导服务体系

笔者：世界一流大学都非常重视学校就业指导服务体系建设，在就业指

导服务机构、人员、经费和场地等方面都给予了充分保障。国务院和教育部在20多年前就多次发文明确要求高校在就业指导服务体系建设中应有所作为，但实际效果并不理想。

高校要建设高质量就业指导服务体系至少应该采取以下三点措施。一是学校领导要真正高度重视高质量学生就业指导服务体系建设。学校领导的高度重视是建设高质量高校就业指导服务体系的重要保障。学校领导不能认为就业指导服务工作只是一项行政职能工作，而应该把就业指导服务看作学校人才培养工作中的重要组织部分。学校要在机构、人员、经费、场地等方面全面落实国务院和教育部的相关文件精神。二是高校要把高质量就业指导服务体系建设纳入学校现代大学制度建设体系的范畴。三是要把就业指导队伍建设纳入学校师资队伍和干部队伍建设整体规划，特别是要配备站位高、素质好和能力强的就业指导中心负责人。

（此文写于2023年3月28日）

大学生涯教育本土化探索之我见

一、我对生涯的理解

要聊大学生生涯教育本土化这个话题，应该从对生涯的理解开始。

西方对生涯的理解。职业和生涯的英文单词都是“career”。虽然西方生涯理论也强调了生涯角色的多样性，但在总体上认为生涯的主要角色是职业角色，所以职业就是生涯，生涯就是职业。笔者认为，这种理解是十分片面的，笔者的理解如下。

“生涯”从字面上理解，“生”就是生命的诞生，即生命的开始；“涯”就是生命的边界，即生命的结束。生涯就是从生命开始到生命结束的全过程。“生涯”的载体是人的身体，所以身体健康在生涯过程中最重要，它是一切生涯角色存在的基础。“生涯”过程中的角色虽然很多，但最重要的角色有三个，即父母/子女角色（维持五六十年）、夫妻角色（维持五六十年）、职业角色（维持四十年左右）。

生涯的幸福是生涯角色的平衡发展。西方的生涯与职业是一体的，而前文介绍的“生涯平衡方桌模型”说明生涯是以健康的身体为载体，其主要角色有夫妻角色、父母/子女角色、职业角色。所以，幸福的生涯过程，应该是身体健康、家庭幸福、子女成才和事业成功四个维度的平衡发展。生涯的幸福是各种生涯角色的平衡发展，而不只是职业。

二、大学生涯教育为什么要进行本土化探索

笔者认为至少有以下三方面原因。

学科特色。生涯教育的内容，从学科属性来说，它当然属于社会学科，而非自然学科。社会学科的知识和规律就不都具有普适性。不管是个体的职业选择还是人生发展，必然与其所处的人文环境、社会制度等方面息息相关，在这些方面我国与西方国家有着明显的差别。

时代特征。目前西方的生涯理论，大都产生于20世纪。在21世纪，经济发展、社会进步、技术先进、交通发达、文化多元等，必然会影响生涯各种角色。时代的发展呼唤与时俱进的生涯教育理念、理论、工具和方法。

差异特点。在研究大学生涯教育时，不仅要看到学生个体特质的差异性，还要看到不同类型学校、不同学历层次、不同地区学生的差异性，这些差异特点，必然导致个体在生涯发展中的差异性。

三、大学生涯教育本土化探索的目标与指导思想

(一)大学生涯教育本土化探索目标

大学生涯教育本土化探索，是践行马克思主义人的全面发展理论的一种方式，是贯彻落实习近平总书记关于以人民为中心和促进人的全面发展思想的重要抓手，是全面贯彻“德、智、体、美、劳”教育方针的一个重要手段，是新时代建设人力资源强国的一种重要途径。

大学生涯教育本土化探索的目标，一是通过对大学生进行正确人生观和成才观教育，帮助大学生客观认识自我特质、职业环境和中国国情，充分激发大学生成长发展的能动性，最终促进大学生“德、智、体、美、劳”全面发展；二是通过生涯实践探索与理论教育，帮助大学生构建和谐的生涯关系，促进生涯角色的平衡发展，最终实现生涯幸福。

(二)大学生涯教育本土化指导思想

大学生涯教育本土化要继承和发扬中华优秀传统文化，充分借鉴国外生涯教育基本理论，依靠和利用现代社会先进技术来进行系统设计、分类实施、大胆创新、勇于实践。

四、大学生涯教育本土化探索的主要任务

理念创新。要充分认识大学生生涯教育本土化的本质和规律，充分认识

生涯教育在人才培养中的作用和意义，充分认识生涯教育和专业教育的联系与区别，形成先进的教育理念。

理论创新。通过研究生涯教育对学生“德、智、体、美、劳”教育的影响与作用，形成具有中国特色的生涯教育理论体系与模型。

内容创新。既要研究通用性内容，包括价值观教育、成才规律教育、能动性激发、职业环境(专业、职业、企业、行业)认知等；也要研究差异化内容，包括不同学历层次、不同类型高校、学生不同学习阶段、不同群体、不同个体的差异性等。

方法创新。要依托现代社会各类先进技术和平台，依靠广大一线生涯教育师资队伍，结合各种生涯内容，开发和探索适合大学生涯学习和实践的学习工具、学习方法。

课程创新。要开发理论与实践结合、突出实践特色的课程，开发第一课堂和第二课堂结合、以第二课堂形式为主的课程体系，开发共性和个性结合、以个性化差异化为主的课程。

队伍建设。要加强生涯教育师资队伍建设，形成专职与兼职相结合、校内师资与社会师资相结合、学校直属机构师资与学院(系)师资相结合、理论教学与实践指导相结合的师资力量。

五、大学生涯教育本土化的合法性

大学生涯教育本土化的提法是否合法、是否准确，目前国内不同管理者、不同学者、不同专家的认识并不统一。

有的人认为，从国外引进西方职业发展教育和指导理论在我国已 20 年，我国大学生涯教育工作者进行了 20 年本土化探索，再提本土化已经过时，不符合当前大学生涯教育实际。

笔者认为，中国大学生涯教育本土化探索还处于刚刚起步阶段，而且只是在少数高校刚起步，绝大多数连引进工作都没做好，何谈本土化探索？首先是中国极少数高校设有生涯教育专职师资，没有队伍，何谈本土化探索；其次是没有形成本土化教育的理念与意识，绝大多数高校并没有把生涯教育作为学校就业工作的重点，何谈本土化探索？最后，没有形成体系化、系统化的生涯教育本土化系列教材、理论体系、工具体系，何谈本土化探索？

当然，如果不提本土化，改提“中国化”“现代化”是否更合适？笔者认为，当前的状况提“本土化”相对合适一些。生涯教育只是中国高校教育体系中很小的一部分内容，叫“中国化”应该是在国家社会经济中具有重大影响的内容或事情。生涯教育本土化，既反映了目前还处于引进→消化→创新的实际状态，又符合生涯教育在高校教育体系中的地位，具有校本化、特色化实际要求的含义。

（此文写于 2023 年 4 月 18 日）

上大学，专业真的那么重要吗

又是一年高考志愿填报季，许多考生和家长纠结于如何填报学校和专业；更有人认为，学错了专业就会耽误孩子一生。在大学里也有很多新生对录取的专业并非个人志愿而久久不能释怀，往往会产生严重的“专业厌学”情绪，从而影响大学的学习和成长。

专业在大学学习中真的那么重要吗？作为一名在高校从事 40 多年大学生就业工作的教育工作者，笔者想以个人经验，从大学生就业与职业发展的角度，谈谈大学所学专业与就业、职业发展的关系，供大家参考。

一、专业只是职业选择时要考虑的因素之一

大学毕业生就业时选择职业，如果只考虑自己所学专业这一因素，是不理性的，也是十分片面的。

个人就业时进行职业选择，要综合考虑以下六个因素。

一是社会对人才的需求情况。社会某一领域对人才需求量越大、越迫切，这个领域的就业机会就越多。

二是个人的职业特质。每个人的职业特质不同，即使同一个专业的职业选择可能也不一样。个人的职业特质是由每个人的职业价值观、性格、兴趣和擅长能力等方面构成的。

三是所学专业。大学所学专业是你选择某种职业的基础或敲门砖，大学的每个专业都有与专业相关的多种职业选择。

四是个人的社会资源。任何人的职业发展都需要各种社会资源，社会资源让你在职场发展的信任度、起点、工作条件等方面与别人完全不同。

五是组织文化的适应。很多人在职业发展中不顺利，往往不是专业能力问题，根本性问题是没有适应工作单位的组织文化，始终入不了主流，从而失去职业发展机会。

六是个人的特殊情况。家庭情况、身体状况、生活习惯、恋爱对象、风俗习惯等个人特殊情况，都会影响你的就业和职业选择。

从以上六点可以看出，专业只是影响就业、职业选择和事业发展的一个

因素，而非唯一因素。个人职业选择应该基于以上六个因素来综合考虑，其交集点就是理性的职业选择点。

二、大学任何一个专业都可选择与专业相关的多种职业

为便于普通考生、家长理解，在此仅以车辆工程专业为例做案例说明。根据个人不同职业特质，这个专业的毕业生可以选择的职业与职位如下。

第一类是各种汽车车辆整车和零部件生产企业职业职位，这是大家通常认为专业对口的职业职位。即使在汽车行业内就业，也有多条职业发展通道，如先技术后管理，先技术后营销，先技术后售后服务，一辈子都从事技术工作等。

第二类是与汽车相关的教学研究类职业职位。例如，在高校的汽车学院从事教学、研究、实验、辅导员等工作，或在汽车研究机构从事汽车相关研究、实验和管理工作。

第三类是与汽车相关的其他行业的职业职位。例如，汽车报社的记者、汽车杂志社的编辑、电视台汽车栏目主持人、汽车行业自媒体运营者，汽车金融租赁业务员，汽车行业证券分析师，汽车保险业务员、汽车保险理赔定审业务员，等等。

第四类是在汽车或相关行业内自主创办企业。

三、专业能力只是个人职业能力中的一个方面

个人的职业发展主要取决于个人职业能力。职业能力包括三个方面，即专业能力、方法能力和社会能力。因此，专业能力只是个人职业发展需要的其中的一个方面，不能把专业能力等同于职业能力。

专业能力。社会上的任何职业职位都有与之相对应的专业能力要求，不同的职业职位有与该职业职位对应的不同的知识、能力和素质要求。职场中的专业能力和大学所学专业并不是一个概念，两者之间是有很大差异的。这里的专业能力是指具备从事职业活动需要的知识与技能，是从事职业活动的基本生存能力，主要指从事职业活动所需要的合理的智力结构，它强调专业的应用性和针对性。

方法能力。做任何事情都有一定的方法，方法能力是指具备从事职业活动所需要的工作方法和学习方法。它是从事职业活动的基本发展能力，主要是科学思维模式，强调方法的逻辑性、合理性和创新性。

社会能力。社会能力是从事职业活动所需要的行为能力，这种能力既是基本生存能力，又是基本发展能力。它是指个体适应职业社会、融入职业社

会的能力，主要内涵包括人际交往、公共关系、职业道德和环境意识等。

以上是国内学者对职业能力研究后的表述。国外学者把人的职业能力分为专业能力、可迁移能力和自我管理能力；也有学者把能力分为智商和情商，而专业能力属于智商的范畴，可迁移能力、自我管理能力属于情商的范畴。卡耐基说过，人的成功80%靠情商，20%靠智商。

不同的表述是不同学者从不同角度对职业能力研究的结果呈现，其内涵大致相同。不管哪种表述，它都告诉我们专业能力是重要的，但在职业发展中专业能力只是基础，而不是唯一，更不是全部。大学生在大学期间不仅要学好专业知识，还要努力培养自己的方法能力和社会能力(或可迁移能力与自我管理能力)。

四、大学本科教育的基本定位是通识教育

国外高校本科教育的基本定位是素质教育，中国香港高校本科教育的基本定位是全人教育，我国内地高校本科教育的基本定位是通识教育。这些只是表述上的差异，其内涵基本相同。也就是说本科专业教育的基本定位并不是专才，而是通才。

从大学毕业生就业情况来看，每个专业都有好就业的学生，也有不好就业的学生，其根本差异在于学生个人的能力素质。

考生和家长们不要太过纠结于大学专业选择。要认识一个专业的方法是多样的：可以让考生暑假期间到与专业对应的企业实习实践；访谈专业领域的职场人士，特别是职业成功人士；查阅高校就业质量报告，了解毕业生就业状况和校友职业发展状况……希望考生和家长们能跳出对专业认知、理解的限制，增加对所学专业的兴趣，正确认识大学所学专业与就业职业发展的关系。

（此文写于2023年6月29日）

生涯教育是高校解决大学生就业难问题的根本抓手

随着二十多年来的高校扩招，大学生就业问题一直是没有“最难”、只有“更难”。党中央和各级政府十分重视和关心大学生的就业问题，高等学校为解决大学生就业问题也是使出了浑身解数，但大学生就业难这一社会现象依然非常突出。从高校方面来看，什么才是解决大学生就业难的根本抓手呢？

一、大学生就业难的主要表现与问题

一是少数毕业生不愿意就业。由于社会价值的多元化、人民生活水平的逐步提高和时代的发展，一部分大学生毕业时选择暂时不就业、缓就业或慢就业。近年来，这种现象还有不断扩大的趋势：他们或选择考研、考编，或出国留学，或旅游休闲，或学习自己感兴趣的知识，或在家啃老……

二是部分毕业生就业能力不足。这是大多数就业难问题的主要表现。大学生就业能力不足，并不是说大学生完全没有就业能力，而是指某大学生只有5000元的就业能力，却要找8000元甚至更高薪酬的工作岗位，即大学生实际职业能力低于其期望薪酬岗位的能力要求。

每个达到法定就业年龄的人，即使没有上过大学，只要愿意工作、肯吃苦、肯劳动，一般都能找到解决生存问题的工作岗位，更何况大学毕业生呢?

从学生角度来看，形成大学生就业难现象的主要原因有以下四点：一是大学生就业主体意识缺乏，二是大学生就业观念没有适应时代发展要求和人才成长规律，三是大学生求职定位不准确，四是大学生求职期望高于个人实际能力。其中，大学生自身的问题与因素是主要原因。除此之外，还有家长、高校、用人单位、舆论宣传、社会、政府等的原因，这些都是影响大学生就业难的外部因素。

二、就业指导在解决大学生就业问题时只能发挥治标作用

目前高校解决大学生就业问题的主要抓手是对毕业生开展就业指导教育。

高校就业指导工作的主要内容是：对学生进行就业价值观和就业观念教育，为用人单位和毕业生提供供需信息服务，为毕业生提供就业求职能力培养和求职技巧指导，为学校人才培养提供社会需求信息反馈。

就业指导在解决高校大学生就业问题时发挥了积极作用，但不是根本性作用。就业指导在解决大学生就业问题时只能发挥治标作用，这是由以下几方面因素决定的。

就业指导工作目标定位的局限性。高校就业指导工作的主要目标是解决大学生就业求职过程中的问题，这种工作目标的定位就有很大的局限性。当一个人处于“人求职”状态时，其就业永远是困难的；只有处于“职求人”状态时，就业问题才能得到根本性解决。这就是多年来高校就业指导工作如此奋进，大学生就业难问题都始终得不到根本解决的主要原因。

就业指导工作在解决大学生就业问题时所处位置的局限性。要彻底解决大学生就业问题，关键是大学生自己想就业，自己有就业的竞争力(即职场需要的职业能力)。高校就业指导是影响大学生就业的外部因素之一，它确

实能帮助解决毕业生就业中的一些问题，但不能从根本上解决问题，因为外因只是解决问题的条件，不是解决问题的根本。

就业指导工作所处阶段的局限性。高校就业指导工作主要在大学阶段的高年级和毕业年级开展。在这个阶段开展就业指导工作，对改变大学生就业观念、提高大学生求职技巧与能力，能发挥一定作用。但最关键的就业竞争力或职业能力已经形成，就业指导提高不了这些能力，所以就业指导不能从根本上解决大学生就业问题。有人问，高校就业指导不是全程化了吗？高校在低年级开展的所谓“就业指导”，其实属于生涯教育的范畴。

三、生涯教育是解决大学生就业问题的根本抓手

什么是大学生涯教育？大学生涯教育是有目的、有计划、有组织的培养大学生个体规划自我大学生涯的意识与技能，发展大学生个体综合职业能力，促进大学生个体“德智体美劳”全面发展，促进大学生更加充分更高质量就业，以引导大学生个体进行并实施大学阶段学涯规划为主线的综合性教育活动。

大学生涯教育能从根本上解决大学生就业难问题。大学生涯教育能有效解决高校就业指导工作存在的局限性问题。首先，大学生涯教育的目标定位是解决大学生整个大学阶段的成长发展问题，通过大学生涯发展目标引领，激发大学生涯发展内驱动力，强化大学生涯发展执行力，从而全面提高大学生综合素质，培养大学生综合职业能力，在大学生就业过程中实现“职求人”工作目标定位；其次，大学生涯教育的首要任务是激发大学生成长发展能动性、专业学习能动性和就业创业能动性，促进大学生“我想主动学”“就业是我自己的事”的内在能力，因而大学生涯教育是从大学生的内因着手解决大学生就业问题；最后，大学生涯教育是从学生进校就开始并贯穿整个大学阶段的综合性教育活动，学生有时间、有机会、有方法，以专业学习为载体，有计划提升自己的综合素质和职业能力。

四、解决大学生就业问题应该坚持标本兼治

就业指导与生涯教育的关系。高校就业指导工作是围绕着大学生就业问题开展的系统性工作，是高校大学生涯教育工作的一部分内容，即大学生涯教育工作包含了就业指导工作。大学生涯教育工作在时间上涵盖了整个大学阶段，在内容上着重解决大学生的能动性问题，在方法上以学生实践探索为主，在载体上依托专业学习和双创学习，在就业指导工作目标上是实现“职求人”。

大学生不可能做职业规划。刚进校的大学生是不可能做职业规划的，因为他们对行业、企业、职业和专业的了解是模糊的，还没有进行认知与探

索，对自我特质也是不清晰的。个人进行职业规划需要满足两个基本前提：一是被实践检验是人职匹配的，而不是测评结果的人职匹配；二是个人的职业规划应该把个人发展目标与所在组织的发展目标相结合，离开了组织发展目标的职业规划，就是空洞的自我设计。

大学生涯规划是切实可行的。大学生涯教育就是通过生涯发展意识唤醒，帮助大学生知己知彼，在清晰未来职业发展方向的基础上，进行并实施大学阶段的生涯规划。做到发展目标清晰，具体内容聚焦。规划实施有路径、有载体、有方法，因而是可行的。

解决大学就业问题要坚持标本兼治。要想真正解决大学生就业问题，高校既要抓好大学生涯教育工作，以生涯教育为根本抓手，促进大学生就业、职业发展竞争力提高和高校人才培养质量提升；也要做好面向毕业生的就业指导工作，切实解决大学生就业过程中的各种困难和问题；还要坚持系统推进，多措并举，通过生涯教育引就业、人才质量保就业、训赛提能优就业、自主创业促就业。标本兼治才是有效解决大学生就业问题的根本之道。

（此文写于 2023 年 7 月 13 日）

专业认知——大学新生的第一份作业

现在各地高考本科录取工作已经结束，高考学生正逢金榜题名时，正在陆续收到录取通知书。在这个值得庆贺的时刻，准大学生们应该知道，上大学不是你们人生的终点，而是人生新阶段的新起点。

大学生在大学阶段最重要的事情是专业学习。通过专业这个载体，大学生努力学习提升自己在专业领域的专业能力、方法能力和社会能力，从而具备就业竞争力和职业发展竞争力。但现实情况是许多大学生对录取的专业是模糊的，即对所学专业课程体系和课程内容不清楚，对所学专业直接对口哪些行业领域和相关行业领域不清楚，对所学专业直接对应的职业和相关职业及所需要的知识、素质和能力不清楚，对所学专业可以去哪些直接对口就业单位和相关就业单位不清楚，对专业直接对口或相关就业单位的职业发展通道路径不清楚。这些认知的局限性，造成许多大学生缺乏专业学习兴趣和成长发展能动性，有的大学生甚至产生严重的专业厌学情绪，严重影响就业和职业发展。

大学新生可利用入学前的一段时间，学着走向社会、走进企业、走近职场。通过职业生涯人物访谈，走访你最心仪的就业单位或相关企业，了解所学专业的就业去向，初步认识职业环境，认知所学专业，从而拓宽视野，克服对专业认知的局限，真实、客观、理性地认识所学专业。培养专业学习兴趣，明确大学生涯阶段发展目标，增强大学阶段成长发展能动性，练就自己就业和职业发展的竞争力。

作为湖北省第一家生涯教育本土化试点高校，武汉工商学院在2023级新生中开展了一项探索性工作：学校要求新生在入学前开展专业认知实践活动，给他们布置三个实践活动作业(学生任选其一)。为发挥本活动更大的社会价值作用，应部分其他高校家长和新生要求，本文向社会公开这三个作业，欢迎有兴趣的新生参加。三个作业的内容如下：

作业一：访谈与专业相关的职场人士

刚进入大学，你知道自己现在所学专业毕业后能在哪些行业领域就业吗？你知道你能从事哪些职业职位吗？你知道未来职场环境对从业者的知识、能力、素质要求吗？你知道你未来职业发展的成长路径吗？通过与你高考录取专业对口或相关行业职场人士的访谈交流，你会获得真实的职场信息，增进对所学专业更加客观、全面、理性的了解。请你在入学前用两周左右的时间进行以下内容的认知实践。

一、寻找职场人士作为访谈者

可以自己去寻找与你高考录取专业直接对口行业领域或相关行业领域的职场人士，也可以通过父母、亲朋、老师等人的推荐寻找相关职场人士。访谈者最好在该行业领域有5年及以上的工作经历，可以是一人，也可以多人。

二、事先准备好访谈问题清单

访谈清单大致准备下列信息和问题(不限于以下问题，这些问题仅供访谈时参考)：

1. 询问被访谈者基本信息情况

姓名、性别、毕业学校、所学专业、工作年限、在目前行业领域工作任职年限、工作单位名称、工作单位性质、工作单位所属行业领域。

2. 设计主要访谈问题

(1)您是怎样获得目前这份工作的，您的职位是什么，您的主要工作职责是什么？

(2)您目前的职业职位需要什么专业能力和其他能力，获得这些能力需要哪些知识和实践活动储备？

(3)您的工作单位生产什么产品或提供什么服务，它能解决什么社会需求问题，能创造哪些社会价值？

(4)您怎样看待目前工作单位所属行业的发展现状及发展趋势？

(5)您工作单位的员工职业发展主要有哪几条路径，每条路径的初级职位、中级职位、高级职位各是什么，您所在职业发展通道上的每个层级职位需要哪些不同的能力素质？

(6)您是否喜欢目前的工作单位和职业职位，喜欢或不喜欢的原因是什么，它对未来职业发展有何影响？

(7)您对我的大学专业学习和成长发展有何建议？

三、整理访谈记录形成访谈成果

对访谈内容按照一定的逻辑顺序或相关性进行编辑整理，形成一篇完整的访谈记录报告。

此外，还请写出自己参加本次实践活动的收获、认识、体会以及初步的专业学习计划。

作业二：认知你向往的就业单位

你所录取的专业，在你大学毕业就业时会有很多不同行业的职业职位选择。在众多与你专业直接对口或相关单位中，哪个行业是你最心仪、最向往的呢？请你在入学前用两周左右的时间，寻找一个与你最向往类型行业类似或相近的企业单位(或组织机构)，进行以下内容的实践认知。

一、该企业单位(或组织机构)内部的组织系统是如何构建的

这家单位内部设置了哪些职能部门和业务单位，每个部门(单位)的主要工作职责是什么？

二、该企业单位(或组织机构)员工有哪几条职业发展路径及职位

例如，车辆工程专业的学生就业时想去与专业直接对口的汽车制造类企业工作，该汽车制造类企业存在企业行政管理、技术管理、技术研发、市场营销、汽车售后服务等职业发展路径。其中，企业行政管理职业发展是“班组长→科长(或工段长)→中层部门负责人→高层负责人”，技术研发职业发展路径及职位是“技术员→助理工程师→工程师→高级工程师”，市场营销职业发展路径及职位是“销售人员→营销主管→营销经理→营销总监”。

不同类型单位员工的职业发展路径及职位名称有较大差异，以上只是便于大家理解列出了几条而已。

三、在这家企业单位(或组织机构)的员工多条职业发展路径中，你对其中哪一条最感兴趣？请你对最感兴趣的这条职业发展路径从最低层级职位一直到最高层级职位进行认真调研，写出每个层级职位对员工的知识、能力和素质的要求是什么(此内容也可上网查阅企业职位胜任力要求的相关描述做参考)

四、撰写调研报告

对调研内容按照一定逻辑顺序和相关性进行分析整理，并写出自己参与本次实践活动的收获、认识、体会以及初步的专业学习计划，形成完整的调研报告。

作业三：认知你所学专业的就业去向

大学本科专业课程体系由公共通识课程模块、专业基础课程模块和专业课程模块构成，由这些课程知识所培养的能力素质再结合国家、社会需要及你个人的职业特质、社会资源、特殊情况等因素，你在毕业就业时可以从事很多行业的职业职位。请你在入学前用两周左右的时间，就你现在被录取的专业及毕业就业时可以从事哪些行业的职业职位，进行以下内容的实践认知。

一、你被录取的专业在本科毕业就业时最直接对口的行业企业有哪些，其相应的职业职位是什么

二、你被录取的专业在本科毕业就业时可以在与你所学专业相关的哪些行业就业，其相应的职业职位是什么

例如，车辆工程专业就业时相关的行业职业职位有：

在工信部或省市级经信厅(局)从事汽车产业行政管理的公务员工作；

在汽车类新闻媒体单位从事记者、编辑、主持人等职业职位；

在非汽车类新闻媒体单位从事汽车相关栏目主持人工作；

在出版机构从事汽车类书刊编辑工作；

在银行从事汽车金融租赁业务相关职业职位；

在保险公司从事车辆理赔定审相关职业职位；

在证券公司从事汽车行业分析员职业职位；

在汽车行业进行合伙或自主创业；

……

三、你被录取的专业在研究生毕业就业时可以在哪些高校或研究机构就业，其相应的职业职位是什么

四、在以上所有与专业直接对口行业或相关行业的职业职位中，你最心仪的职业职位是什么？通过访谈相关职场人士或查阅相关资料，请你撰写该职业职位所需要的知识、能力和素质有哪些

五、撰写调研报告

对调研内容按照一定逻辑顺序或相关性进行分析整理，并写出自己参加本次实践活动的收获、认识、体会以及初步的专业学习计划，形成完整的调研报告。

（此文写于2023年8月2日）

大学生涯教育基本认识

一、什么是大学生涯教育

大学生涯教育是有目的、有计划、有组织地培养大学生自我规划大学生涯的意识与技能，发展大学生个体综合职业能力，促进大学生个体“德智体美劳”全面发展，以引导大学生个体制订实施大学学涯规划为主线的综合性教育活动。

二、全面理解生涯的内涵

西方语境对生涯内涵的理解存在偏差。在西方语境中，生涯和职业是同一个单词“career”，出现这种结果的原因不得而知，但一定会有其产生的理由。不论是最初人们认为生涯中最重要的内容和角色是职业，还是语言翻译理解的错误，把生涯等同于职业是对生涯内涵理解的偏差。

从字面上来理解，生涯就是人从生命诞生到生命结束的全过程。每个人在生涯发展全过程中都会有多种生涯角色的存在，在不同生涯发展阶段也会同时存在不同的生涯角色。生涯发展过程中重要角色不仅有职业角色，还有夫/妻角色、父母/子女角色。生涯不等同于职业、不等同于生活、不等同于生命。

三、认知是影响一个人生涯发展结果的根源

每个人的生涯发展结果是不一样的，影响一个人生涯发展结果的因素也是不尽相同的。虽然影响每个人生涯发展的因素与原因各种各样、千差万别，但究其根源，就是一个人的认知，即通常说的见识。一个人见识的长、宽、高，决定了其人生发展道路的长、宽、高。每个人的志向意志力、素质高低程度、认知广深度以及评价准确度不同，每个人的认知结果也会不同。认知结果的差异导致人的行动差异，人的生涯发展结果必然不同。

四、拓展认知的途径与方法

认知是影响人的生涯发展的根源，这足以说明认知在生涯发展过程中是十分重要的。如何拓展人的认知呢？拓展认知有三条主要途径。一是通过学习知识掌握理论和规律。二是通过认知环境增长见识。跟什么人交流交往，

在什么平台干事创业，对扩大人的认知很有影响。三是通过社会实践获得真知，这是拓展认知最重要的途径。仅通过这三种途径并不能真正实现拓展认知的目的，还需要辩证思维方法，善于从个性中发现共性、从特殊性中发现普遍性规律。

五、大学生涯探索中社会职业环境探索比自我认知更重要

知己知彼是生涯发展的基础。只有做到知己知彼，才能科学合理地进行生涯发展规划实施，才能进行职业发展方向目标选择和生涯角色管理。知己知彼就是进行社会职业环境探索和自我特质认知，而社会职业环境探索主要包括宏观社会环境探索、中观行业或区域经济发展探索、微观企业(组织)职业探索、学校内部学科专业探索。

大学生涯探索活动中，知彼比知己更重要。知己当然是十分重要的，但只认清了自己，没有认清社会职业环境，很可能变成以自我为中心的精致利己主义者。为什么环境认知更重要呢？一是从个人与环境的关系来看，是人适应环境，不是环境适应人，适者才能生存；二是大学生个人特质的主要方面既是动态变化的，还没有达到相对稳定和成熟；三是大学生在进行社会职业环境探索时，必然会联系到个人特质的相关方面；四是人具有社会属性，人的特质的每个方面都受社会环境的影响，是社会存在于个体方面的表现。

六、人生的发展是由内向外的

一辆汽车要想跑得快、跑得远，必然要靠汽车内部的发动机运行起来。鸡蛋从外打破是一道菜，从内突破才诞生出一只有生命力的鸡。人的发展同时存在动物自然性和生涯社会性两个过程。不管是哪个发展过程，人都是由内向外发展的。一个人要有好的社会性生涯发展结果，必经个人从内向外的选择与努力。

人生由内向外发展，人以能动性和社会性区别于其他动物。人在个人的认知范围内，觉得某件事或某种活动有价值、有意义，就开始有价值追求(价值观)，有了价值追求就会有相应的生活、工作目标，实现目标是需要内因和外因条件的，即自身知识能力素质要求和外部资源的条件要求。其中，自身知识能力素质通过多种方式途径学习提高，外部社会资源进行有效整合对接，在目标引领下，内因和外因结合作用后目标就得以实现，从而就会有一个生涯发展结果。如果没有来自个人内部的价值目标追求，即选择和围绕目标实现的努力，就不可能有生涯发展的好结果，这就是人的社会性生涯发展过程。

人生由内向外的发展核心就是个人成长发展的能动性。能动性是由目标、内驱力和执行力三个主要方面构成的。其中，目标由价值观决定，是人生发展不同阶段的航标，是人的生涯发展的方向系统；内驱力是人生发展的动力，是人的生涯发展的能量系统；执行力是人生发展的路径与方法，是人的生涯发展的运行系统，目标、内驱力、执行力三者之间相互影响、相互促进、缺一不可。生涯教育的首要任务是激发大学生学习成长发展的能动性，能动性激发是生涯教育的重点和难点。

七、"小我"与"大我"是生涯发展命运共同体

"小我"与"大我"的相对性。在一个家庭里，每个成员是"小我"，家是"大我"；在一个单位里，每位员工是"小我"，单位是"大我"；在一个国家中，家、单位是"小我"，国家是"大我"，每个人是"小小我"。

"小我"与"大我"的相互依赖性。从"小我"与"大我"的内部关系来看，多个"小我"构成了"大我"，"小我"是"大我"的构成基础和发展支撑，"大我"是"小我"生存和发展的平台，两者相互依存和依赖；从"小我"与"大我"的外部关系来看，没有"大我"，"小我"就不复存在。

"小我"与"大我"是生涯发展命运共同体。"小我"与"大我"的关系就像大海中航行的一艘大船，"大我"是大船，"小我"是船上的每位船员。"小我"与"大我"的目标是一致的，就是胜利到达航行目的地。为了实现共同目标，每个船员都要恪尽职守、努力工作，才能避免航行中可能遇到的各种风险；某个船员的工作闪失，都有可能造成事故，船员与大船一损俱损、一荣俱荣。因此，"小我"与"大我"不是相互对立的，而是生涯发展命运共同体(图 9)。

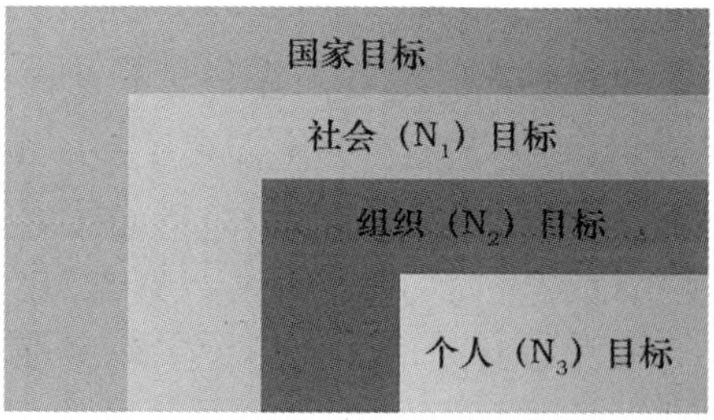

图 9 "小我"与"大我"

（此文写于 2023 年 9 月 13 日）

大学生涯规划基本认识

一、大学生为什么要做生涯规划

大学生涯规划的作用。大学生对大学阶段的发展进行科学规划，有利于帮助树立规划意识，激发大学生成长发展能动性；有利于客观认识社会职业环境和自我特质，明确未来职业发展方向，确立大学阶段发展目标；有利于强化各种生涯角色管理和时间管理，确保大学学涯规划的实施执行；有利于提升能力素质，提高就业和未来职业发展竞争力。

大学生为什么不适合做职业规划？个人要做职业规划，有两个基本前提：一是个人职业特质与职业职位基本匹配，这个匹配不是测评结果的匹配，而是实际在岗工作一两年被实践检验的匹配。二是个人的职业发展目标要与所在组织(平台)事业发展目标相结合。大学生刚踏进校门显然不具备这两个前提条件，但做大学阶段的学涯规划是可行的。

大学生做生涯规划的可行性。大学生做的生涯规划，一是时间阶段聚焦，即大学时期；二是发展目标非常清晰具体，即就业、升学或创业；三是规划有实施落地载体，即专业学习和双创学习；四是学习方式明确，即项目式学习；五是资源丰富，学校、专业教师、辅导员、学长、校友、社会各界等都为大学生涯规划提供了外因条件。

二、大学生涯规划与职业规划的关系

什么是大学生涯规划？大学生涯规划是以实现大学阶段发展目标为导向，以大学学业规划为主要内容，以专业学习和双创学习为主要载体，以项目式学习为主要方法，通过目标分解而制订的大学阶段系统学习成长方案或计划。

什么是职业规划？职业规划是对职业进行持续的系统的计划过程，包括职业定位、目标设定和通道设计三个核心要素。结合单位的事业发展目标要求，根据个人兴趣、能力、特点进行综合分析权衡，确立最适合的职业奋斗目标，并为实现这一目标做出行之有效的方案或计划。

大学生涯规划与职业规划的关系。大学生涯规划是职业规划的基础和前端，是为职业规划做准备的，其实施的好坏直接影响职业规划与职业发展结果。

三、升学好还是就业好

大学生在大学阶段的发展目标主要是升学、就业和创业。升学也是为了就业，创业也是一种就业形式。

大学本科毕业后，是升学还是就业，这是一个没有标准答案的问题，因人而需，因人而异。

为什么要升学？目前很多大学本科生毕业后，继续升学其实是很茫然的。有的是对就业恐惧，有的是觉得就业单位不好，有的是做给父母看的，有的是为了个人面子……大家要知道，不管哪种升学形式、哪种学历层次，最终都是为了就业，最终都要就业。升学真正的理由应该是：首先，要实现未来的职业发展行业或类型目标，即选择进入哪个行业、哪个类型的工作单位；其次，要进入这类单位有学历层次要求和能力素质要求，因为本科学历和能力素质不能满足这类行业职业职位的基本要求，所以需要升学继续深造。

为什么要直接就业？本科毕业后不升学而选择直接就业的道理和继续升学是一样的，也是为了个人职业更好的发展。有些应用型职业职位，只需要本科学历及其相应的知识、能力、素质；使用更高学历的毕业生，既是社会资源的浪费，也影响了高学历者的职业发展。比如，大部分市场营销职位只需要本科学历就够了，本科毕业生在市场营销工作岗位上锻炼三年比硕士学习三年更实在。所以，很多应用型职业职位，关键看个人特质是否适合而不是看学历高低。

四、“项目式”是生涯规划实施的有效学习方式

什么是学习？传统观念认为，知识的输入就是学习，即在教室上课和做作业、图书馆阅读、寝室看书、实验室做实验等。现代学习观认为，学习应包括输入、创造、分享三个阶段。学习不只是知识的输入，还要把知识转化为解决问题的能力并创造出新成果，然后把创造的成果与他人分享，这才是一个完整的学习过程。

什么是项目式学习？项目式学习是一种动态的学习方式，旨在现实世界中习得更深刻的知识和技能。项目式学习强调：一是问题的真实性，二是学习的主动性，三是团队合作完成，四是产生创造性学习成果，五是对成果进行分享。项目式学习，可以锻炼和培养学生的创造力、团队合作和领导力、动手能力、计划以及执行项目的能力。

项目式学习的三个阶段。第一阶段是项目设计，即通过现实世界的真实

观察，找到问题和分析问题；第二阶段是项目实施，通过团队建设、方案设计、资源整合、行动执行解决问题，并对初步成果不断总结完善，形成创造性成果；第三阶段是项目展示，对成果进行团队内外部分享，分享的过程既是对他人的知识输入，也是用他人的智慧帮助完善成果。

项目式学习应该成为大学生专业学习、双创学习和学涯规划实施的重要方式。

五、如何选择未来职业发展方向

制订大学生涯规划，要有清晰具体的大学生涯发展目标(升学、就业、创业)，而目标的确立是对未来职业发展方向的选择，即行业和职业类型的选择，因为制订大学阶段发展目标和生涯规划是为未来职业发展做准备、打基础的。

职业发展方向选择的作用。未来职业发展方向的选择就是对未来从事行业、职业的选择，也就是未来职业发展的定位与选择。未来职业发展的定位与选择是一个定性选择，是基于多个因素的综合思考而做出的决策。这个时期的职业发展方向选择并不是绝对准确且不变的选择，它具有模糊性、不确定性和可变性，会随着未来社会发展、个人对社会认知的扩大等因素变化，也会影响职业发展维度的内涵发生变化，因而未来职业发展的实际情况会有很大的调整或修正。这个时期的职业发展方向的选择是为了明确人生发展方向，使大学阶段的发展目标清晰，学涯规划理性，符合自己个人特质状况。这样做有利于增强个人学习发展能动性，全面提升个人能力素质，为未来职业发展打好坚实的基础。

职业发展方向选择的六个因素。很多人对自己职业的选择往往基于学习什么专业这一个因素，这是非常不理性甚至是狭隘的。个人的职业发展受众多因素影响，而不只是专业技能是否匹配的问题。职业的定位与选择应该综合考虑社会需求、个人职业特质、所学专业、家庭社会资源、职业所属行业的共性文化、个人特殊情况六个因素。这六个因素的交集点就是前文所述的个人职业定位与选择点。

六、就业主体意识培养是大学生涯规划的重要内容

什么是就业主体意识？就业主体意识是大学生在就业活动中的一种自觉的能动意识，是作为认识和实践就业活动主体的学生对于自己的主体地位、主体能力和主体价值的一种自觉意识，是自主性、能动性和创造性的真实表现。

就业主体意识对大学生涯发展的影响。如果大学生具有就业主体意识，就能够在大学生涯发展过程中主动探索工作世界和职业环境，主动认知自我，从而明确自己未来职业发展方向，明确大学生涯发展目标，主动规划大学阶段的学业，自觉管理大学阶段的各种角色，自觉培养自己的能力素质，积极主动就业。

大学生该如何培养自己的就业主体意识呢？

首先，要理解人为什么要就业。人要能够自我生存、实现经济独立，只有通过就业才能实现；人要获得他人的尊重和友爱，必须通过就业在工作中为他人和社会解决问题、创造价值；人要实现自我价值，必须有一个为社会创造价值的团队和平台，而拥有这样的团队和平台，也只有就业才能实现。所以，要满足人不同层次的自我需求，唯有通过就业才能实现。

其次，要认识到就业对自己人生发展带来的好处。就业能够解决个人生存问题，能够实现个人经济独立，获得他人尊重和友谊，利于自己身心健康，并通过工作提升自己的能力素质，为国家和社会创造价值。

最后，要认识到不就业对自己人生发展带来的弊端。不就业就没有经济收入，不能实现个人人格、经济独立，会成为家庭负担；不就业就不能为社会创造物质或精神财富，无法获得社会和他人尊敬；不就业就没有更多社会交往和实践机会，朋友会变少，社会资源匮乏，进而影响个人的性格和身心健康……

（此文写于 2023 年 10 月 25 日）

大学生涯教育学科建设思考与探索

大学生涯教育学科建设对于提高大学生的综合素质和就业能力具有重要作用。通过系统的大学生涯教育，学生可以更加明确自己的志向，了解自己的兴趣、能力和职业倾向，从而制订合适的大学生涯规划。大学生涯教育还可以培养大学生的职业素养和职业道德，提高其就业竞争力。因此，大学生涯教育学科建设对于高校人才培养具有重要价值与现实意义。

一、大学生涯教育学科的界定

一门学科的形成一般需要具备三个核心要素。第一，明确的研究对象或研究领域。一门独立的学科应该有自己特定的研究对象或领域。第二，独特的研究方法。独立学科应该有自己独特的研究方法，这些方法应该是为了更好地理解和研究其研究对象而发展的。第三，系统的知识和理论体系。一门学科应该有一套系统的专门知识和理论体系，这套体系能够涵盖该学科的基本概念、理论、方法和应用等。

(一)研究对象及领域

大学生涯教育之所以可以发展成一门独立的学科，是因为在研究领域方面，它是明确而独特的，即学涯阶段。人的生涯发展阶段由学生生涯、职业生涯和银龄生涯三个阶段构成(图 10)，这三个阶段既有一定的联系，又有相对独立的特征。学生生涯包括学前生涯、小学生涯、中学生涯和大学生涯。职业生涯是以各类职业角色为核心的职业阶段，银龄生涯是不再以职业身份为核心的各类生命经历角色。大学生涯教育研究领域是从生涯发展视角出发研究大学生学涯阶段的生涯发展问题。

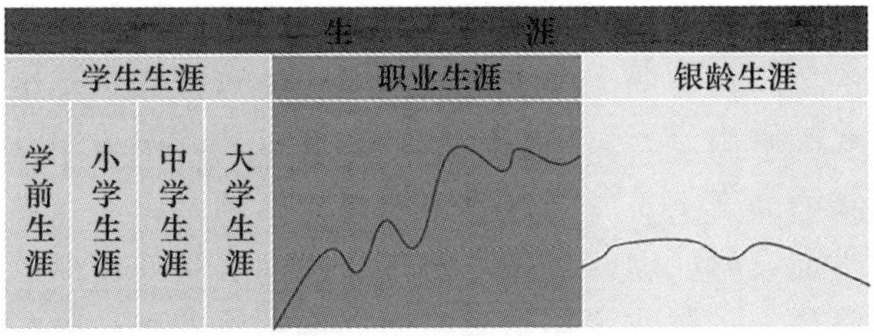

图 10　生涯发展阶段

大学生涯教育研究的对象是处于学涯阶段中的大学生。大学生涯阶段不同于学前生涯、小学生涯、中学生涯，大学生正处在生涯发展的关键阶段，面临着从校园到社会的过渡，需要应对职业准备、就业竞争等方面的挑战，具有年轻、知识丰富、可塑性强等显著特征。在大学生涯发展阶段中，大学生群体具备极强的独特性，因而大学生涯教育不是仅限于学生职业发展的教育，而是涵盖大学生各类生涯角色的全面教育。

(二)研究方法

1. 生涯教育研究方法的“魂”和“根”

习近平总书记说：“我们决不能抛弃马克思主义这个魂脉，决不能抛弃中华优秀传统文化这个根脉。坚守好这个魂和根，是理论创新的基础和前提。”①

高等教育是为党和国家培育人才，大学生涯教育是高等教育中的一个重

---

① 习近平总书记在主持中共中央政治局第六次集体学习时的讲话。

要组成部分，要进行符合时代、符合社会需求的引导。因此，在大学生涯教育本土化的过程中，其研究方法必然依托马克思主义人的全面发展理论这个“魂”以及中华优秀传统文化中生涯理论体系这个“根”。马克思主义与中华优秀传统文化，都要求采用更为系统与整体的研究视角和更加符合国情和本土特色的研究方法，更加注重对个体全面发展尤其道德品质、社会责任感的培育。

2. 以问题为导向的研究方法

大学生涯教育是一门融合了心理学、教育学、管理学等学科理论、方法的独特学科。除可以使用这些学科常用的问卷调查法、访谈法、案例法、实验法、实地调查、教学实验、咨询干预等之外，该学科最显著的研究方法是以大学生涯发展现实问题为导向、以解决大学生在生涯规划和发展过程中遇到的实际问题为核心的研究范式。这样的研究方法强调从实际出发，关注大学生在生涯发展过程中遇到的真实问题和实际困惑，通过科学的研究手段探寻问题的根源，从个性问题中总结共性规律，从特殊性现象中寻找普遍性原理，并提出有效的解决方案，以提升大学生涯教育的质量和效果。

以问题为导向的大学生涯教育科学研究一般具有以下三个主要特点：第一，现实问题驱动。研究的起点是大学生在生涯规划和发展过程中遇到的具体问题，如就业压力、职业选择困难、生涯规划能力不足等。第二，跨学科整合。为了更全面地理解和解决问题，研究者通常要整合心理学、教育学、管理学等学科的理论和方法，形成多学科交叉的研究视角。第三，实用主义原则。研究的重点在于寻找问题的解决方案，研究成果具有实用性和可操作性，以指导实践或改进现状。

（三）理论体系

在当前的高等教育背景下，生涯教育作为学生全面发展的重要组成部分，其理论体系主要围绕以下四大核心领域展开。

第一，生涯意识培养与生涯发展基本逻辑规律。大学生的生涯意识培养与生涯发展逻辑是大学生涯教育的研究领域之一，这一领域主要涉及个体生涯发展意识的觉醒，个体对于价值观、职业观、成才观、幸福观的理解，个体能动性激发规律的认识。这是生涯教育的基础环节，对于学生未来的职业选择和发展具有深远的影响。

第二，职业环境探索与自我认知基本规律。大学生在对职业环境的探索过程中形成的自我认知是生涯教育的核心内容。这一环节包括对所学专业及社会环境的认知，对潜在职业的了解，以及对企业和行业的探索。这一系列探索活动有助于学生建立起对职业世界的全面认识，并在此过程中形成对自我的认知，为未来的职业选择奠定基础。

第三，大学生涯决策与实施基本规律。大学生的生涯决策与实施是生涯教育的关键环节，主要包括对职业发展方向和生涯目标的决策，大学生涯规划的制订和实施，自我相关生涯角色管理以及就业决策。此外，专创融合的理念形成及实施也是其重要内容。

第四，学生人向职业人过渡的基本规律。

综上所述，大学生涯教育是有目的、有计划、有组织的教育活动，其主要目标是培养大学生规划自身大学生涯的意识和技能，发展其综合职业能力，促进其“德智体美劳”的全面发展。该教育活动的核心是引导大学生制订并实施大学阶段的学涯规划。这门学科具有明确的研究对象、独特的研究方法以及系统的知识体系，因此，大学生涯教育可以发展成高等教育学下的二级学科。

二、大学生涯教育学科建设的指导思想与主要任务

（一）指导思想

以马克思和习近平总书记关于人的全面发展理论为根本遵循。人应该在物质生活、精神生活、社会关系等方面都得到发展。在人的全面发展理论中，人不仅是发展的主体，也是发展的目的。人的全面发展是社会的终极目标，教育则是实现这一目标的重要手段。因此，大学生涯教育学科建设应致力于培养具有全面素质的人才，以满足社会发展的需求。

继承和发扬中华优秀传统文化。中华优秀传统文化蕴含着丰富的教育思想和理念，这些思想对于大学生涯教育具有重要的启示和借鉴意义。通过对这些传统生涯文化的挖掘和传承，可以为大学生涯教育学科建设奠定深厚的文化底蕴。

遵循人的成长规律。人的成才有其自身规律，中国国情下人的成才有规律可循，把个人职业理想与组织事业发展目标、国家民族复兴相结合，这种成才规律的特殊性和普适性是要遵循的。

借鉴国外生涯教育基本理论及方法。借鉴国外生涯教育基本理论及实践，可以帮助我们了解不同国家和地区的生涯教育模式，拓宽国际视野，进而完善和推动我国的生涯教育学科建设。

贯彻“德智体美劳”教育方针。在大学生涯教育中，要全面贯彻这一方针，注重培养学生的道德素质、智力素质、身体素质、审美素质和劳动素质，增强他们的社会适应能力和竞争力。

充分利用现代技术、工具和方法。互联网、大数据、人工智能等，可以

提高大学生涯教育学科建设的效率和效果。通过应用这些先进的技术和方法，我们可以更好地了解和满足学生的需求，提升教育质量，为我国大学生涯教育学科建设提供有力支持。

（二）主要任务

在当前的高等教育背景下，确立大学生涯教育学科专业建设的主要内容和任务显得尤为重要。

第一，学科定位是大学生涯教育学科建设的基础。大学生涯教育学科建设定位应以大学生为主体，以大学生涯教育专业建设为核心，以学涯规划为抓手，旨在帮助大学生明确个人发展方向，明确大学阶段发展目标。具体而言，学科定位应注重个体的各类生涯角色发展，以培养具有全面素质和竞争力的优秀人才为目标。

第二，科学研究是大学生涯教育学科建设的重要组成部分。本土化生涯教育理论体系是我国大学生涯教育学科专业建设的重要内容。通过对中国大学生涯教育问题的理论研究，可以形成具有中国特色的生涯教育理论体系，为我国大学生涯教育提供理论支持。此外，应注重跨学科研究，借鉴心理学、教育学、社会学等相关学科的理论和方法，完善大学生涯教育理论体系。

第三，人才培养是大学生涯教育学科建设的重要任务。大学生涯教育课程体系包括生涯知识基础引导课程、实践探索课程和专题辅导课程，通过课程体系建设把大学生引导到真实的职业世界中去，厘清个人自身素质与生涯发展目标的差距，探索个人发展方向，提高个人发展能力。大学生涯教育工作方法应包括工具、教育、学习、咨询和服务等方面，以全方位、多角度的方式帮助学生实现个人发展目标。此外，教师应注重课程内容和教学方法的研究与创新，以提高教学质量和效果。

第四，师资队伍建设也是大学生涯教育学科建设的关键环节。大学生涯教育师资队伍应包括学科带头人、学科梯队，以及专编、专职、专业教师，以保证教育质量和教育效果。教师队伍建设应注重教师的学术素养、教育教学能力和实践经验，以提升教师的教学水平和科研能力。

第五，学科管理是大学生涯教育学科建设的重要保障。工作体系与机制应以高效、科学为目标，以保证教育科研的顺利进行。评价考核体系应以公正、公平、公开为原则，以激励教师和学生的积极性和创造性。此外，高校应注重学科建设的可持续发展，加强学科内部和外部合作，提高学科的影响力和竞争力。

（此文写于2024年1月10日）

生涯教育本土化探索之个人核心观点

大学生涯教育自主知识体系构建以马克思主义理论(马克思主义人的全面发展理论、毛泽东实践认识思想、习近平以人民为中心思想、党的德智体美劳教育方针)作为魂脉,以中华优秀传统文化作为根脉:国学思想、知己知彼思想、知行合一思想,始终聚焦大学生涯发展现实问题,坚持在大学生涯教育实践中进行知识创新,摒弃主要依赖西方职业指导理论的思维,以“认知→行动→结果”为逻辑。笔者个人的核心观点如下:

(1)基本逻辑:“认知·行动”逻辑下的“知行合一”:生涯见识→生涯意识→生涯思维→生涯行动(选择+努力)→生涯结果→调整反馈。

(2)生涯认知途径:知识学习、环境学习和实践学习。

(3)生涯认知层次:看见或见识各种生涯现象或表象是第一层次,由表及里发现生涯规律是第二层次,掌握和利用生涯规律形成生涯发展思维(即方法论)是第三层次。只有发展到第三层次才能形成正确全面的生涯认知,从而产生正确、有效的生涯行动。

(4)生涯认知的主要规律:生涯意识培养与生涯发展基本逻辑规律,生涯认知与生涯建构基本规律,大学生涯决策与实施基本规律,学生人向职业人过渡的基本规律。

(5)生涯认知内容与生涯建构:生涯认知内容的全面性、客观性和科学性决定了人的生涯建构的完整性。

具体而言,从事物的内外关系来看,生涯认知的内容就是知己知彼。其中,知己内容包括个人的所求、所长、所能、所缺,知彼内容包括人性、宏观环境、职业环境(行业、企业、职业、专业)、生活环境;从事物的本质关系来看,生涯认知的内容就是“求真”(主观画像不断趋近客观真实)、“求是”(掌握规律、利用规律、改造世界、创造价值)。

生涯建构的完整性除了生涯认知内容的全面性和客观性外,通过知彼而实现知己的生涯建构更科学、更有效。

(6)大学生涯探索方法:人的生涯发展之路要靠自己去走,人生的南墙要靠自己去撞;人的认知是动态的、发展的,人的一切都是变化的;人的潜能是无限的,每个人都可以从事多种职业、职位;不要轻易下结论说只喜欢什么职业、只能干什么职业;职业发展过程中最重要的是找出最不喜欢或最不擅长的职业,以避免掉入职业深坑。在众多可做的职业中,如果能发现最擅长的职业则是最理想的职业选择；在知彼中探索自我，在成长中探索自我，在探索自我中成长。

(7)大学生涯教育基本方法：把学生引导到真实的社会现实和职业环境中去，通过真实社会和职业环境，不断提升生涯认知层次，促进生涯行动。生涯认知是生涯教育的基础内容，提升认知层次是生涯教育的质量追求，促进生涯行动是生涯教育效果的检验标准。

（此文写于2024年8月29日）

“3＋2＋N”生涯教育课程体系建设实践探索

一、课程体系简介

武汉工商学院将生涯教育课程融入学校专业人才培养方案，强化大学生涯教育的连续、全过程及其与专业教育、双创教育的有机融合，构建起“3＋2＋N”生涯教育课程体系，即开设三门必修课(大学生学涯规划基础、企业与职业认知、行业探索)、两门选修课(就业指导、生涯团体辅导)和N个不同主题微课，扩展大学生职业社会认知，增强学生学习发展能动性。

二、实施过程和步骤

(一)构建“3＋2＋N”生涯教育课程体系

1. 大学生涯规划基础课程

学分学时：1个创新学分、1个通识学分，共32学时

课程性质：必修课

课程内容：①专业实践认知模块。随入学通知布置，新生在开学前通过行业人物访谈、资料查阅、调研等方式进行专业实践认知。②理论知识学习模块。新生入学后，学习教材内容，包含生涯意识唤醒(生涯基本概念、生涯发展观、能动性思维)；生涯规划决策行动(学涯规划决策、学涯规划制定、生涯角色管理)。③课程考核(访谈调研报告、非标准答案考核)

2. 企业与职业认知课程

学分学时：0.5个创新学分、0.5个通识学分，共16学时

课程性质：必修课

课程内容：按企业与职业认知的不同维度，将学生分成若干不同主题模块的项目式学习小组。项目模块包含企业概况与行业定位，企业市场定位与

竞争状况，企业产品、技术、工艺与供应链状况，企业文化与价值观，企业组织架构与管理模式，员工职业发展路径与职位层级，员工培训与薪酬体系，员工职位与能力要求

教学方式：项目式学习、成果分享翻转课堂

课程考核：调研报告、访谈视频、路演 PPT

3. 行业探索课程

学分学时：0.5 个创新学分、0.5 个通识学分，共 16 学时

课程性质：必修课

课程内容：按行业认知不同维度，将学生分成若干不同主题模块的项目式学习小组。项目模块包含国家行业宏观政策、行业概况与细分、行业发展周期与趋势、行业商业模式、行业竞争与风险状况、行业产业链关系与布局、行业技术现状与发展趋势、行业数字化与智能化现状与发展趋势

教学方式：项目式学习、成果分享翻转课堂

课程考核：调研报告、访谈视频、路演 PPT

4. 两门选修课程

(1)生涯发展主题工作坊选修课程(1 学分，8 个主题，16 学时)

(2)就业指导选修课程(1 学分，16 学时)

5. N 个不同主题微课程

针对学生不同需求问题的 N 个微课

(二)工作体系与机制

1. 构建“职教一体”的生涯教育工作体系

学生就业创业指导中心为职能部门，生涯与双创教育学院为教学单位，两块牌子、两个部门、两个职能紧密结合。

2. 建立学校生涯教育制度体系

建立全面、系统的生涯教育制度体系，包含学生生涯教育工作实施方案、教学管理系列文件、师资队伍建设系列文件、课程效果评价办法等。

(三)师资队伍建设

1. 师资队伍构成

组建一只专业化、多元化的生涯教育师资团队，其中校内专职生涯教育教师 5 人，校内兼职教师 20 人，校外兼职教师 5 人，社会兼职教师 5 人，行业成长导师 600 余人。

2. 师资队伍培训

实施教师培养计划，通过参加专业培训、研讨会、企业实践等方式，提

升教师的专业素养和教学能力。开设的生涯教育专项培训课程有：

大学生涯教育课程体系设计与课程建设(24 学时)

生涯咨询与团体辅导技术(24 学时)

生涯教育实证研究理论与方法(16 学时)

大学生涯教育工作理念与实务(24 学时)

(四)教材建设

编写符合学校特色和本校学生实际的校本化生涯教育教材，注重理论与实践相结合，根据课程评价、评估和反馈，不断迭代更新教材内容。

(五)课程效果评价

构建以能力为中心的“直接评价”和“间接评价”相结合的课程效果评价体系。通过评价体系实现课程体系建设“事先引导”“事中修正”“事后总结”的三大功能，保证课程体系能适应时代发展需求和学生需要。

三、特色与创新

1. 面向真实职业环境课程学习内容创新

课程设计了面向真实职业环境的行业、企业、职业与专业的认知探索学习内容，让学生通过真实职场实践与体验，形成正确的职业发展与专业学习认知。

2. 项目式翻转课堂教学方式创新

课程以项目为主线，教师为引导，学生为主体。通过真实项目式学习完成真正翻转课堂，全面提升学生综合素质能力。

3. 多维度课程效果评价创新

以直接评价(前后测)和间接评价(多维度对比)相结合的方法，全面评价课程对提升个人培养质量的影响效果。

(此文写于 2024 年 8 月 30 日)

职业“沟壑”排除法

讲解如何进行个人的职业选择时，目前我国高校大多数是引入帕森斯的“特质-因素”理论，即通过探索个人职业特质(职业价值观、性格、兴趣和能力倾向)，了解职业职位的需要，再基于人职适配进行职业的匹配与选择。这个职业选择理论在特定的历史背景、适用对象和国情环境下，发挥出积极的理论价值和实践作用。但在当代中国国情的职业环境下，这个职业选择理论表现出了明显的局限性。基于多年生涯教育实践与研究，笔者提出职业选择的另外一种方法——“沟壑”排除法。

一、职业“沟壑”排除法的内涵

每个人都有自己的职业沟壑。职场的职业职位具有多样性、丰富性和复杂性特点，而任何个人由于多种原因不可能适应所有职业职位，从而都会有个人职业发展的沟壑、陷阱或短板，这些职业沟壑对个人职业发展具有重要负面影响甚至是致命影响。

每个人都可以从事个人职业沟壑之外的多种职业。现实职场经验证明，一个人不会只适合一种或几种职业，而是可以从事个人职业“沟壑”之外的多种职业。

每个人发现自己的职业沟壑比找到感兴趣的职业更重要。人在职场上首先要生存，其次才是发展。只有先找到职业沟壑，才能排除职场生存的风险，才能有职业生存和发展的基础前提。发现职场兴趣只是本能，找到职场沟壑才是智慧。

每个人最适合的职业职位是在实践中发现的。个人对职业职位的认识存在局限性，个人的职业特质内涵也是动态变化的。每个人感兴趣、最擅长、最适合的职业职位不是凭空想象的，而是在职场实践中发现和展现的。

每个人通过个人的积极努力可以从事多种职业职位。人具有主观能动性，人的潜能是无限的。人可以通过自身的积极努力提升个人的专业能力、社会能力和方法能力，去适应多种职业职位。

二、职业“沟壑”排除法的存在依据

首先，每个人都有自己的职业“沟壑”。“尺有所短，寸有所长”，就是说人在职场和生活中，必然有长处和短处。人的职业沟壑的存在，是由多方面原因造成的，如个人生理身体遗传或残缺，家庭影响或个人某些社会因素的硬伤，个人心理素质的局限，个人职业特质的差异，等等。所以，每个人都会有不适合自己的一些职业类型，有适合自己的一些职业类型，还有自己最擅长的职业类型，即既有职业沟壑，又有职业平原，还有职业高峰。

其次，专业能力之外的职业能力具有广泛的适应性。人的职业能力由三部分构成：专业能力、社会能力和方法能力。社会上的每个职业职位都有其相应的独特的专业能力要求，每类职业职位的专业能力所要求的知识、素质和能力的不同。专业能力以外的社会能力和方法能力具有普适性和可迁移性，也就是说，人的职业能力中的社会能力和方法能力具有很广的职业适应性，可以适合多类职业职位。我们可以把人的社会能力和方法能力归为情商范畴，把专业能力归为智商范畴。卡耐基说过“人的成功80%靠情商，20%靠智商”，这说明在生涯发展过程中，专业能力固然重要，但在很多情况下，社会能力和方法能力更重要。专业能力虽然是进入某一类职业领域的门槛或基础，但较之社会能力和方法能力而言，专业能力是相对容易习得的，只要真想进入某个专业领域或对某个专业领域感兴趣，用一万小时去学习钻研这个专业，你就会成为这个专业领域的专家。

最后，最擅长的职业是在实干中发现的。人要发现自己的职业沟壑，只有知道自己的职业短板，才能避免自己职业生存和发展风险。排除职业沟壑外，其他的职业领域都是你适合的，要依据当下的现实情况，先工作，先生存。生存是第一要务，在生存中去寻找最擅长的职业领域。觉得自己最适合、最擅长那往往只是个人的一种理想状态，需要经过职场实践去检验。人们通过职场实战，在合适中发现个人最擅长的领域，扬其所长，就能攀登职业高峰。

三、如何发现个人的职业“沟壑”

可以通过以下几种途径或方式，去寻找或发现自己的职业“沟壑”。

（一）个人生理方面

如果生命遗传或生理身体上先天不适，如恐高，这类人不适合高空作业类职业。晕血的人不适合从事医疗类职业，口吃的人不适合从事语言类职业。还有某个身体部位的残疾，相应的职业就是这类人的职业“沟壑”。

（二）家庭或个人社会因素

比如，你的学历层次就会决定你不同职业类型的选择，与学历不相适配的职业就会成为你的职业“沟壑”；性别差异也会造成很多职业的不适应，家庭或个人的违法行为也会限制你进入一些职业。

（三）从个性中寻找不适合

比如，性格特别内向的人不适合从事主要与人打交道的职业，不擅长语言表达的人不适合从事教师类职业等。

（四）从实干中寻找不擅长

在职业实践中，不会写论文，就不适合从事理论研究类职业；不擅长动手，工程类、操作类职业就是职业“沟壑”。

（五）从他人评价中寻找短板

你可以向最了解你的父母、老师、亲朋、同学了解他们对你的评价，以寻找你的职业短板。

（六）从自我思考中发现不喜欢

最了解自己的人一定是自己，可以进行自我思考，发现自己喜欢什么或不喜欢什么，然后通过职业实践去验证这种喜欢或不喜欢的准确性。

要发现自己的职业沟壑，可以综合运用以上六种途径方式进行探索和认知，只用其中一种途径方式，其认知结果往往会具有片面性。

四、职业“沟壑”排除法的现实作用

（一）增加了一种职业选择方法

基于“特质-因素”理论的人职匹配是一种职业选择的方法，但一定不是唯一的方法。这里提出的职业“沟壑”排除法，给人们的职业选择提供了另外一个新思维、新方法。

（二）拓宽了职业选择范围

人职匹配理论强调通过个人职业特质与职业需求因素匹配，寻找最适合的职业。这往往是一种理想状态，它使人们在进行职业选择时容易陷入只适合某种或某几种职业的误区，缩小了人们职业选择的范围。职业“沟壑”排除法则强调除职业“沟壑”外其他职业都适合，也就是人们经常所说的“骑马找马”。因而，在思维方式上拓展了职业选择的范围。

（三）增强了职业选择的现实性

人职匹配是基于职业发展的角度考虑问题，是发展优先。职业选择“沟壑”排除法基于职场生存，生存是基础，没有生存何谈发展，只有先生存才有后发展。只有先避免职业“沟壑”，人才能有职业生存，在生存中寻找职业发展机会，因而现实性更强。

（此文写于 2024 年 9 月 1 日）

大学生涯发展主体实践活动

一、专业学习能动性培养学习活动

大学生对专业课程体系、大学职业定位与选择相关因素、专业学习与就业的关系认识不足，可能对自己所学专业的兴趣不大，有的甚至存在对专业不满意而产生厌学情绪。所以，充分认识大学所学专业与就业或职业选择的关系，有利于培养大学生专业学习的能动性。

如何多维度、多方面认识自己做学专业以及专业与职业适配关系？大学生们不妨完成以下学习项目。

（一）访谈本专业资深教师

你在学校寻访本校本专业资深专业教师，可以向该专业教师访谈一下以下问题：

(1)本专业人才培养目标与定位是什么？

(2)本专业人才培养方案中，专业基础课程和专业课程模块式是由哪些课程组成的？

(3)本专业的专业特色主要体现在哪几个方面？

(4)学生就业去向有哪些对口行业和相关行业的职业职位？

（二）了解本专业最近三年毕业生就业去向

你可以寻求辅导员老师的帮助，并向所在学院或学校就业指导中心查找本专业最近三五届毕业生的就业去向相关信息，统计出以下分类数据：

(1)本专业每届毕业生中继续升学读研的人数有多少？占比是多少？

(2)录取为公务员和就业到事业单位的人数有多少？占比是多少？

(3)就业到专业直接对口企业的人数是多少？占比是多少？职位是什么？

(4)就业到专业不直接对口但相关企业的人数是多少？占比是多少？这些企业分布在哪些行业？职位是什么？

(5)就业到专业完全不对口企业的人数是多少？占比是多少？这些企业分布在哪些行业？职位是什么？

(6)毕业即创业的人数是多少？占比是多少？

（三）访谈与本专业直接对口或相关行业职场人士

被访谈职场人士在本行业领域工作10年及以上，且在工作中小有成就，主要访谈内容可参考前文“专业认知——大学新生的第一份作业”。

二、就业能动性培养学习活动

就业是大学生自己的事。大学学习的最终目的都是就业，通过就业而获得个人职业发展。当前，一些大学生的就业能动性不强，出现了缓就业、慢就业、懒就业甚至不就业现象。如何培养自己的就业能动性？同学们可以尝试完成以下学习活动：

(1)根据马斯洛需求层次理论，按照从低层次、中间层次和高层次顺序思考：一个人为什么要就业？为什么只有通过就业才能得到三类不同层次人生需求的满足？

(2)与同学们一起采用头脑风暴的方式，列出十条左右就业对个人生存、发展以及健康方面的有利影响。

(3)与同学们一起用头脑风暴的方式，列出十条左右不就业对个人生存、发展以及健康方面的不利影响。

针对上述活动内容整理出一份《就业访谈调研报告》，并与同学们进行交流分享。

三、创业能动性培养学习活动

如果你对创业实践活动感兴趣，有志于在校期间或大学毕业以后开展创业实践活动，你可以尝试完成以下学习活动：

(1)阅读一些创业人物的传记、故事等书刊资料。

(2)了解在校大学生创业的三种方式，即依附式创业、合伙创业和自主创业的内涵、相关联系与区别。

(3)学习理解创业、创业价值观、企业家、企业家精神等相关概念的内涵。

(4)分别访谈一位在校创业的学长、一位创业校友、一位创业成功人士，主要访谈以下内容：创业的主要原因、创业项目、创业经历、创业成功经验、创业失败教训、创业感悟。

针对上述活动内容整理出一份《创业访谈调研报告》。

（此文写于 2024 年 9 月 13 日）

高校辅导员生涯教育工作任务导引

一、生涯教育聚焦的重点问题

2023 年，我国高等教育毛入学率达到 60.2%，标志着高等教育进入深度普及化时代。高等教育普及化时代有许多新特征，大学生成长发展主体性匮乏是其显著特征之一。

主体性匮乏是大学生成长发展过程中的疑难杂症。一个人的主体性匮乏程度反映了其精神健康状态。由于主体性匮乏，大学生在校期间缺乏明确的发展目标、内驱力和执行力。从而导致能力素质不高、就业难以及生涯发展结果不尽如人意，进一步导致党的教育方针不能很好贯彻落实。所以，激发大学生成长发展主体性是高校辅导员生涯教育工作的重点和难点。

对辩证唯物主义认识论的研究发现，主体性匮乏的原因之一是人的认知问题，是人的认知在广度、深度、层次等方面缺乏客观性、全面性、创造性和科学性。

二、大学生涯教育的目的

“生涯”一词最早出自《庄子·养生主》：“吾生也有涯，而知也无涯。”生涯从字面上理解就是指一个人从生命的诞生到生命结束的全过程。生涯具有方向性、时间性、空间性、独特性、现象性和主动性特征。

何谓“生涯教育”？西德尼·马兰(1971)认为，生涯教育能够通过生涯认知、生涯探索、生涯定义、生涯准备、生涯成熟等学习步骤，培养学生的生涯能力，个体可逐渐形成自我引导、自我完善的能力，泛指学校设立、开展的以学生终身发展为目的的一切课程和教育活动。

大学生涯教育的目的：一是促进学生的全面发展。大学生的全面发展包括大学生能力素质的全面提高和个性化充分发展。二是促进学生的生涯幸福。幸福是人的生涯发展根本目的，人的生涯幸福在很大程度上取决于和谐生涯关系建构和生涯角色的平衡发展。

三、生涯发展的底层逻辑

人的生涯发展底层逻辑就是辩证唯物主义认识论的“知行合一”。

王阳明“知行合一”思想告诉我们，“知中有行，行中有知”“以知为行，知决定行”“知为行之始，行为知之成”。毛泽东将传统意义上的“知”和“行”转化为马克思主义基本原理中的“认识”和“实践”，将“认识”划分为“感性认识”和“理性认识”。毛泽东指出：“通过实践而发现真理，又通过实践而证实真理和发展真理。从感性认识而能动地发展到理性认识，又从理性认识而能动地指导革命实践，改造主观世界和客观世界。实践、认识、再实践、再认识，这种形式，循环往复以至无穷，而实践和认识之每一循环的内容，都比较地进到了高一级的程度。”①从先者智慧和毛泽东思想认识论中我们可以领悟到：实践是认识的基础，能动反映是认识的本质，主观与客观的统一是认识的根本任务；通过对客观事物认识形成意识，意识影响思维；思维能动性形成认知的创造性和方法论，生涯认知结果决定生涯行动。辩证唯物主义认

① 毛泽东：《毛泽东选集》(第一卷)，人民出版社，1951年版。

识论的基本规律就是人的生涯发展底层逻辑。

人的生涯认知过程先是通过生涯实践见识客观世界中的各种人和环境，由客观的人和环境要素在人脑产生各种意识，其中必然会形成人的生涯发展意识(图 11)，并通过人们对生涯发展意识的强化和提升而形成人的生涯发展观。人的生涯发展观由人的价值观、成才观、职业观和幸福观构成(图 12)，并受幸福观统领。其中，价值观决定人的生涯发展方向，成才观决定人的职业发展类型和高度，职业观决定人的职业、行业和组织选择，幸福观决定人的生涯发展质量。

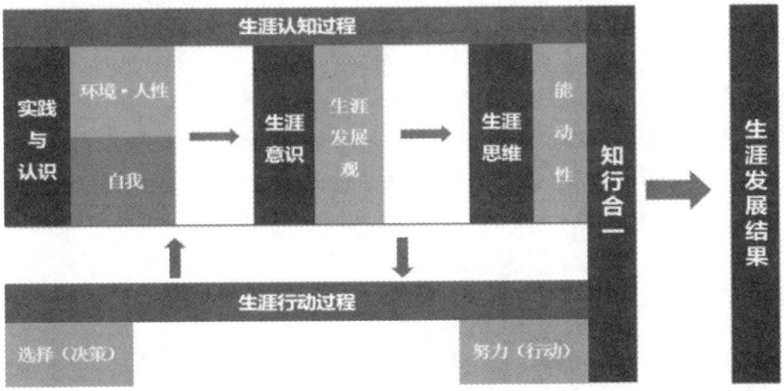

图 11　生涯发展过程与结果逻辑模型

图 12　生涯发展观构成要素

认知是人脑接受外界输入的信息，经过头脑的加工处理，转换成内在的心理活动，形成观念，并进而支配人的行为，这个过程就是信息加工的过程，也就是认知过程。认知是在认识的基础上有所感悟(或了悟)，并用词语表达出来的过程。因此，认识程度和感悟深度决定了一个人的认知水平。认识是实践基础上主体对客体的能动反映，是主体和客体相互作用的结果。人的认知过程始于意识，经由描述、分析(通过思维过程而了悟)而形成概念(用词语表达)，并最终完成于判断。意识是认识的直接反映，思维是认识的高级阶段，判断是认识活动的高峰。意识是对客观事物的直觉，是对客观存在的主观映像(认识的反映性)。思维是人脑对客观事物间接的和概括的反映，它既概括了事物的本质特征和规律，也是对规律的应用(认识的创造性)，即在思维阶段形成了行动的方法论。从生涯发展的角度来看，在生涯认知过程的思维阶段会形成人的能动性思维。人的能动性思维由目标、内驱力和执行力构成。其中，目标是人的生涯发展的方向系统，内驱力是人的生涯发展的能量(或动能)系统，执行力是人的生涯发展的运行系统(图 7)。

由此印证“知行是一个功夫的两面，二者不能分离，也没有先后”。“与行相分离的知，不是真知，而是妄想；与知相分离的行，不是笃行，而是冥行”(王阳明)。“思维从社会实践中发生，同时又能动地指导实践”(毛泽东)。生涯认知结果通过生涯实践和认识的循环过程而形成。

四、大学生涯规划基本逻辑

生涯发展的底层逻辑是生涯教育之道，大学生涯规划的基本逻辑是生涯教育之术。道术结合构成了生涯教育的理论基础，这些理论主要包括大学生涯发展意识唤醒基本规律，知彼(人和环境)与知己认知基本规律，大学生涯规划决策与行动基本规律，学生人向职业人过渡基本规律。生涯规划＝大学生涯规划＋职涯规划＋银龄规划。大学生涯规划是职涯规划的基础与准备。

大学生涯规划定义。大学生涯规划是以实现大学阶段发展目标为导向，以学业规划为主要内容，以专业学习为主要载体，以创新创业为实践平台，以项目式学习为主要方法，通过目标设定和分解而制订的大学阶段系统学习成长方案或计划。大学生涯规划制订与实施过程也就是学涯建构过程。学涯建构也就是大学生综合自己过往对人和环境的认知、当前感受、未来理想抱负做出的职业发展方向和大学阶段发展目标的选择与行动过程。

大学生涯规划的基本逻辑(图 13)是：生涯实践中唤醒生涯发展意识→知己知彼→决策→行动→调整反馈，其主要逻辑要素包括生涯探索、生涯意识、生涯方向、生涯目标、生涯决策、生涯行动、生涯效果、生涯调整等。

五、大学生涯教育理念

大学生涯教育要坚持“差异性、能动性、创造性、实践性”四性互融的工作理念(图 14)。

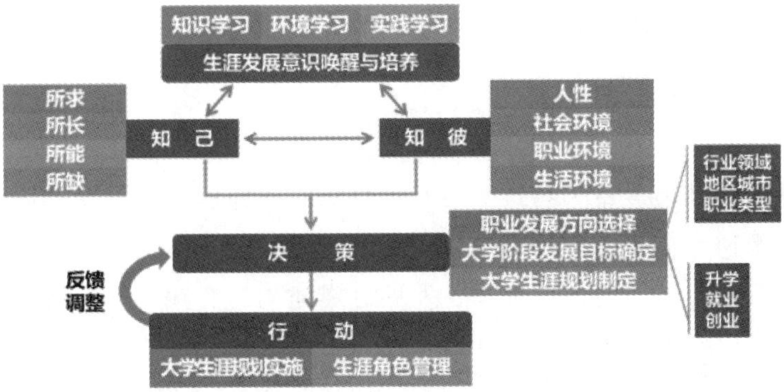

图 13　大学生涯规划的基本逻辑

“四性”从逻辑归纳来讲就是主体性的内涵，教育的最高境界是激发学生成长发展的主体性。

尊重学生的差异性。学生的差异性体现在特质、问题、性别、年级、专业、学校类型、学历层次等方面。尊重学生的差异性，实现因材施教、分类培养是生涯教育的基础。

增强学生的能动性。能动性是学生生涯发展的内因，内因是根本，外因是条件。

培养学生的创造性。创造性既是主体性的目的，又是主体性实现的结果。

丰富学生的实践性。要把学生引导到现实生活、职业和社会环境中进行生涯发展实践与探索。职业环境认知是生涯教育的主要内容。实践性既是生涯教育的途径，也是生涯教育的方法。

差异性、能动性、创造性和实践性四者之间相互联系、相互影响，缺一不可，四性互融构成生涯教育系统论思维。

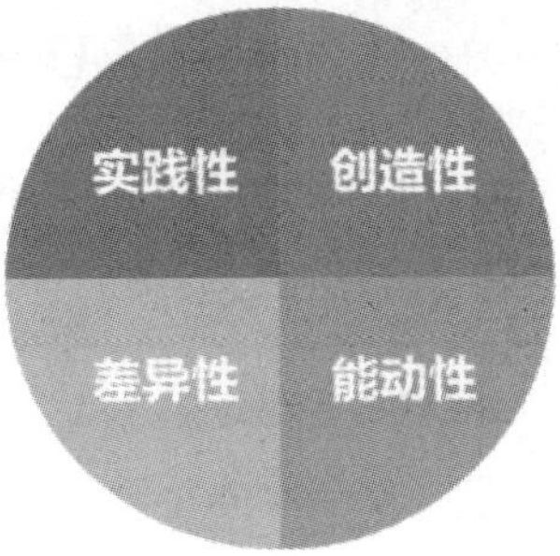

图 14　“四性”互融生涯教育工作理念

六、大学生涯教育主要内容

（一）生涯认知教育

1. 生涯认知广度（图 15）

生涯认知是指人对于与自我生涯发展相关客观要素和自我特性进行实践探索，力图把握相关客观要素本来面目，真实地反映其生涯发展状况和规律，并进行生涯关系与角色选择、发展方案建构的实践与认识活动过程。

从事物内外关系来看，生涯认知内容主要包括知彼和知己两个维度。其中，知彼方面的内容是：人性（人心、道心）、环境（宏观、职业、生活）。生涯认知内容层次从高到低依次是人性、宏观环境、职业环境、生活环境。引导学生进行职业环境（行业、企业、职业、专业）探索是辅导员生涯教育的主要任务。

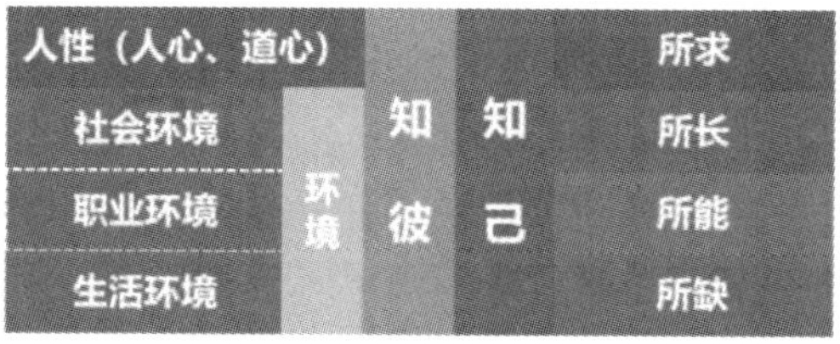

图 15　生涯认知广度

2. 生涯认知深度（图 16）

从事物的本质关系来看，生涯认知深度体现在求真和求是两个方面。首先从求真方面来看，即不断追求主观映象与客观对象的统一；其次从求是方面来看，即能够由表及里，认识事物本质和规律，形成自己生涯认知方法论。这种生涯认知的内容具有客观性、全面性、创造性和实用性。

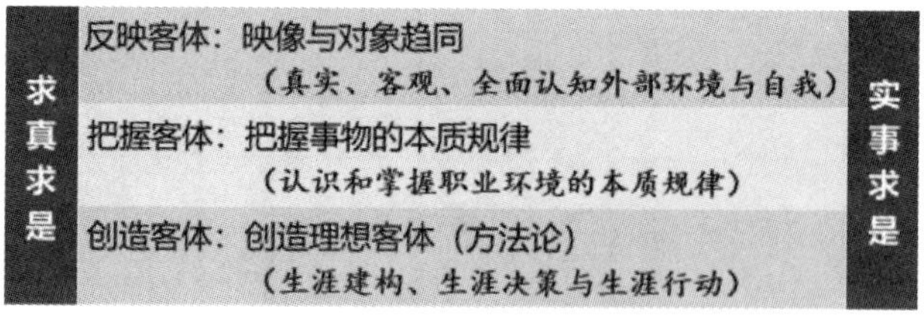

图 16　生涯认知深度

只有实现生涯认知内容的客观性、全面性、科学性，才能形成人的生涯真知。

3. 生涯认知途径（图 17）

生涯认知途径主要有知识学习、环境学习和实践学习三种。

知识学习。这里的知识学习是指通过对先人、他人认知实践形成的知识学习提高生涯认知。

环境学习。这里的环境学习是指通过与所在学校、社会、家庭等方面人士的交流、沟通、访谈学习提高生涯认知。

实践学习。一切真知来源于实践又服务于实践，“干就是学习”，正确的生涯认知都必须通过个人生涯实践探索去获取、去发展、去创造、去提高。

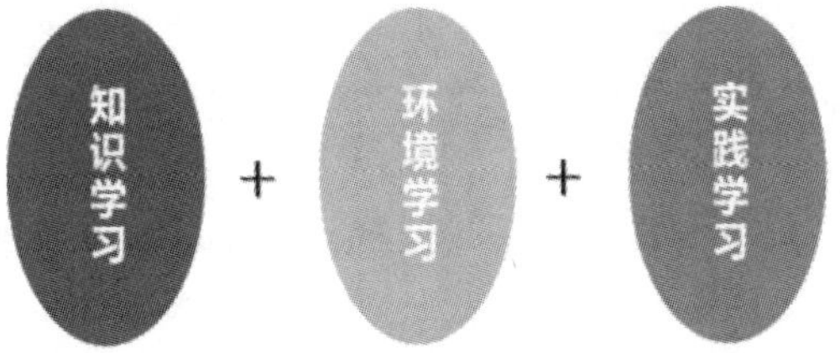

图 17　生涯认知途径

4. 生涯认知结果(图 18)

认识和认知的区别主要体现在它们所涵盖的范围、深度、心理过程和应用领域等方面。很多人往往把对事物几个点的认识当作正确认知。同样一件事物，因为每个人认知的初心不同、认知内容多少不同、认知内容的层次不同、认知途径和方式不同；每个人的自我经验和能力素质不同，每个人能动性的强弱程度不同，所以每个人的认知结果是不尽相同的。因此，人的认知结果也是有层次差异的，人的认知结果层次决定了其生涯发展的质量。

人的认知结果分为三个层次。第一层是“反映客体”，通俗地理解为“看到”或感受到了，这个层次只是认识到了事物的部分或表象；第二层是“把握客体”，通俗地理解为“知道”或理解到了，这个层次看到了事物的本质规律；第三层是“创造客体”，通俗地理解为“想到”或是领悟到了，这个层次在看到事物本质规律后形成了解决问题的方法论和实践方案。

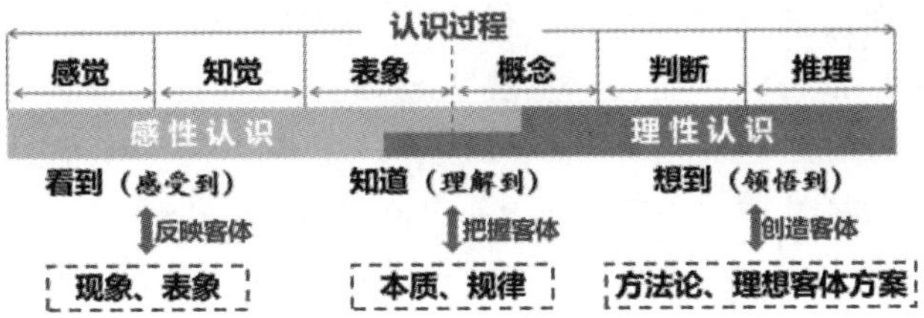

图 18　生涯认知结果

（二）生涯行动教育（大学生学涯建构）

1. 学生生涯发展意识唤醒教育

生涯行动是指人通过生涯认知活动后进行的生涯意识培养、目标决策、发展设计、规划实施、角色管理、能力培养和评估调整等生涯实践活动。

意识唤醒途径。大学生涯发展意识唤醒的途径也是生涯认知的途径，即理论知识学习、环境学习和实践学习。

理论知识学习内容。理论知识包括马克思人的全面发展理论、毛泽东实践论认识论思想、习近平以人民为中心思想、党的“德智体美劳”全面发展教育方针、中华优秀传统文化中有关生涯发展的精髓思想、西方现代生涯发展理论等。

环境学习内容。营造良好的学校环境、班级环境、家庭环境和社会环境。通过与学校教职员工、同学、家长和亲友、校友、社会精英的交流、访谈，影响学生的生涯认知。

实践学习内容。学生通过对行业、企业、职业、专业的各类实践探索活动提高生涯认知。

2. 知彼与知己认知教育

知彼内容主要包括人性、环境（宏观社会环境、中观职业环境和微观生活环境）两个方面。认识过程中，认识的能动性主要表现在主体思维对客体信息的建构或重构的活动。因此，通过知彼可以实现知己，在知彼基础上实现的知己更客观、更科学、更丰富。

人性认知教育。通过认识人的本能、人的社会属性以及两者的关系培养学生情商和自律能力。

宏观社会环境认知教育。了解当今世界发展格局、国家政治经济制度、国家和地区重大经济发展规划、社会技术发展趋势等。通过宏观环境认知扩大生涯发展格局。

中观职业环境之行业认知教育。了解行业宏观政策、行业概况与细分、行业文化、行业发展周期与趋势、行业商业模式、行业竞争与风险状况、行业产业链关系与布局、行业技术发展状况等。

中观职业环境之企业与职业认知教育。了解单位基本信息（名称、所属行业及地位、经济性质、所在地）、企业概况（组织架构、文化、规模、品牌及特色、商业模式）、经营状况（产品技术、设备工艺、采购物流、市场营销、财务状况）、员工发展维度（发展通道、职位层级、胜任力要求、薪酬体系、培训体系、福利保障）、招聘信息等。

中观职业环境之专业认知教育。了解专业定位、培养目标、课程体系、师资队伍、教学管理、实践平台、评价考核、就业去向、专业特色等。

知己认知教育。主要任务是通过探索了解个人的天赋所长与局限性，通过投身实践、加强环境认知，思考和清晰自己的所求(想追求什么、得到什么、成为什么)、所长(擅长、优势)、所能(资源、能力)、所缺(缺点、不擅长)。

生涯关系教育。通过知彼与知己进行社会关系教育(家庭关系、社会关系)和自我关系教育(自我认知、自我调适)，进行生涯角色选择和关系教育。

3. 大学生涯决策教育

大学阶段生涯决策内容包括职业发展方向教育、大学阶段生涯发展目标确立、大学生涯规划制订。

职业发展方向选择。首先通过职业选择"沟壑"排除法，明确个人的职业沟壑；其次用社会需求、行业文化确定自己感兴趣的行业领域，用个人所拥有的社会资源、特殊情况确定自己感兴趣的地区城市，用个人职业特质、所学专业确定自己感兴趣的职业类型，通过所确定的行业领域、地区城市、职业类型三点定位选择个人适合的职业发展方向。

大学生涯发展目标确立。根据确定的职业发展方向所属行业与职位的入职要求，确定大学阶段生涯发展目标(升学、就业、创业)。

大学生涯规划制订。根据大学阶段发展目标，分析实现目标需要的条件要求，本人已具备的条件，存在的差距，制订解决差距问题的学习方案，并进行目标分解和制订年度(或学期)学习计划。

4. 大学生涯规划实施教育

大学生涯规划实施。根据制订的大学生涯规划按时按计划执行。

大学生涯规划反馈调整。根据现实情况对大学生涯规划进行评估和适当调整。

生涯角色管理。选择生涯角色和生涯关系建立，并对大学阶段各种生涯角色及关系进行有效管理。

职业适应准备。了解职业需求及胜任力要求，做好职业适应准备。

5. 评估与调整教育

对生涯行动、发展环境等因素进行评估与反馈调整。

七、大学生涯教育主要方式

大学生涯教育主要方式有学校教育(课程、咨询、辅导、活动)、学生自我教育、家校合作教育等(图 19)。

学校教育之生涯课程。从课程类型来讲，有必修课和选修课；从课程规模来讲，有大班教学和小班教学；从课程教学方式来讲，有理论教学和实践探索；从课程信息化方式来讲，有线上课程和线下课程。生涯课程的优点是受众面广、能融入学校文化主流。

学校教育之生涯咨询。生涯咨询是对个体进行生涯发展相关内容的专业咨询服务，其优点是针对性和专业性强。

学校教育之生涯辅导。包括针对同一主题的团体辅导、朋辈辅导以及个性化的个体辅导。

学校教育之生涯活动。生涯活动形式极为丰富，主要有各类讲座、报告、工作坊、赛事、体验、实践等。

学生自我教育。主要形式有各类社团、访谈、调研、实践等。

家校联合教育。学校充分利用学生家庭资源开展各类生涯教育活动。

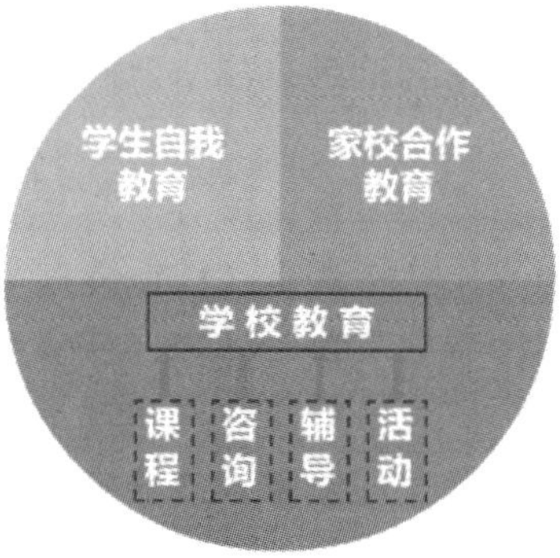

图 19　高校生涯教育主要方式

八、生涯教育工作效果评价

生涯教育工作效果评价的核心是学生生涯行动以及由行动产生的效果（能力素质提升）。

生涯教育工作要充分体现现代学习观：首先是知识的输入，其次是把输入的知识内化为自己的能力素质并创造新成果，最后要把创造的成果分享给他人。体现现代学习观最好的学习方式是项目式学习。

生涯教育工作效果评价应根据任务的性质与要求，分别采用问题评价和实践评价，实践评价又可分为过程评价、结果评价和增值评价等方法。

高校辅导员要把提高学生生涯认知作为生涯教育内容基础，把提升学生生涯认知结果层次作为生涯教育质量目标要求，把促进学生生涯行动成果作为生涯教育任务实施效果的评价标准。

九、大学生涯教育工作任务分解

阶段	目的	主题	任务
低年级（一年级）	学校环境适应	新生适应性教育	1. 了解学校主要教学、生活设施与功能； 2. 参加学校新生系列教育活动； 3. 访谈二三位在校优秀学长
	专业学习兴趣培养	专业认知	1. 访谈与专业相关职场人士(二三位)； 2. 访谈本专业资深教师； 3. 参加与本专业就业相关“企业校园宣讲会”(二三场)； 4. 了解本专业近三年学生就业去向； 5. 通过人工智能模型检索本专业适合就业的行业与职业信息； 6. 在专业探索活动后决策是否调整专业
低年级（一年级）	知彼	职业环境探索	1. 参加“企业与职业探索”项目式学习小组活动，分享并参加班级“企业与职业探索”项目式学习路演活动； 2. 参加“行业探索”项目式学习小组活动，分享并参加班级“行业探索”项目式学习路演活动
	知己	自我认知	1. 通过个人思考、澄清个人所求、所长、所能、所缺； 2. 运用他人评价，了解自己所求、所长、所能、所缺
	能力素质提升	朋辈关系建立	1. 制订一年级学习成长计划； 2. 参加一两个感兴趣的学生社团组织； 3. 竞选学生干部； 4. 了解或参与感兴趣赛事活动
	明确方向	确立生涯发展方向	为自己未来的生涯发展确立一个明确的方向，如成为什么样的人(企业家、教育家、政治家……)

续表

阶段	目的	主题	任务
中年级（第3～5学期）	确定职业发展方向	职业发展方向决策	1. 发现并排除自己最不适应的职业领域； 2. 进行个人职业定位（行业领域、地区城市、职业类型）
	学涯目标确立	大学生学涯目标决策	明确自己大学阶段发展目标（升学、就业、创业）
	增强学涯发展计划性	学涯规划制订	制订学涯发展规划
	培养生涯发展主体性	学涯规划实施	1. 执行学涯规划； 2. 按照学涯发展目标参加学校相关赛事、入行考证准备、学习和各类社会实践活动； 3. 根据现实情况、个人情况和规划执行情况，每学期进行学涯规划评估与微调
高年级（第6～8学期）	目标冲刺	学涯规划中期评估	1. 对学涯规划进行中期评估； 2. 发现差距和问题制订目标实现冲刺方案与改进措施
	目标实现	目标分类实施	1. 根据目标分类做好目标落地准备工作； 2. 按照目标分类要求实现目标完成
	生涯主题澄清	学涯发展复盘	1. 总结分析大学阶段学涯发展执行情况； 2. 澄清个人生涯发展主题； 3. 做好生涯发展新阶段适应性准备
	职场适应	为职业发展做好准备	生涯适应力培养

（此文写于2024年10月8日）

第二部分

创业教育

关于将创业型人才纳入高校人才培养目标类型的建议

一、背景与问题

近年来，高校在推进创新创业教育方面进行了系列实践与探索，积累了一些经验，取得了初步成效。但高校在推动“双创”教育时并没有抓住问题的关键，没有把握创新创业人才培养的逻辑起点。

当前高校创新创业教育工作中存在诸多问题，其中最重要最突出的还是创新创业教育的理念认识问题。高校对创新创业教育的本质和规律认识不清，对创业和创业教育的基本规律缺乏认识，没有把创业型人才作为高校人才培养类型，只有研究/学术型人才、应用型人才两种类型。从劳资关系来讲，这两类人才都属于雇员，也就是说中国的高等教育只为社会培养了雇员型人才。我国的社会主义市场经济发展到今天，不仅需要大批雇员型人才，还需要一批创业型/雇主型(商业领袖)人才。

二、将创业型人才纳入高校人才培养类型的理由

(一)创业型人才是国家和社会发展的刚需

实施创新驱动发展战略，加强创新研发和将创新成果产业化，促进产业经济转型升级，需要大批创新创业人才；落实积极的就业政策，以创业带动就业，需要大批创业型人才。

(二)创业型人才培养有利于形成企业家群体

中国高校在以前没有开展创业教育和创业型人才培养，导致中国经济社会中存在一个突出现象，即老板很多、企业家太少，这一现象给中国社会和

经济发展带来了很多矛盾和问题。通过专业的创业型人才培养，就会产生具有企业家精神的大批创业者，从而有利于形成更大的企业家群体。

（三）创业型人才培养是深化高校人才培养模式改革的“牛鼻子”

高校人才培养全过程要素主要包括培养目标、培养方案、课程体系、师资队伍、教材、教学机构、管理制度、教学资源、实践平台、课程考核与质量评价、校园文化等。从人才培养全过程要素角度不难看出，人才培养目标是人才培养全过程的逻辑起点。目前，高校深化人才培养模式改革十分困难，首先是因为理念认识问题没有解决，其次就是没有抓住问题的关键，也就是没有把创业型人才纳入学校各专业人才类型。人才培养目标类型的缺失影响了高校创新创业教育改革的深入推进。

（四）创业型人才培养是真正实施贯穿因材施教的需要

学生的个人职业特质是有差异的。传统高校人才培养只考虑了研究/学术型和应用型特质学生的成长需要，没有关注具有创业特质学生的成长需要。把创业型人才纳入高校人才培养类型，能够全面满足三类不同职业特质学生的成长需求，真正实施因材施教。

（五）校友职场成才的类型现实验证了高校创业型人才培养的必要性

传统高校人才培养过程中，几乎所有高校都没有把创业型人才纳入人才培养目标。尽管如此，所有高校的校友在职业发展过程中，总有一小部分校友成了创业型人才。高校校友职场成才的类型现实充分说明了传统高校人才培养目标类型在设置上的缺失，也验证了高校开展创业型人才培养的必要性。

三、对策与建议

（一）建议教育部明确要求高校开展创业型人才培养

目前，高校都在推进创新创业教育工作全面开展并加强创新创业人才培养，但很少有高校明确把创业型人才作为新的人才培养类型提出来。建议教育部明确要求高校丰富人才培养目标类型，不仅要培养学术/研究型人才和应用型人才，还要培养创业型人才；要求高校通过改变人才培养理念与模式，深化高校人才培养教育改革尤其是创新创业教育改革。只有教育主管部门的有力推进，才可能促进高校有效开展创业型人才培养。

（二）建议教育部允许高校设置创业管理本科专业，探索创业型人才培养方式

在高校开设创业管理本科专业的理由有四点：一是企业的发展有三个阶段，即“0→1”，“1→N”，“N→∞”，这三个阶段对应的专业分别是创业管理、工商管理和资本管理。目前，后两个阶段已有相应的本科专业。而没有针对企业“0→1”阶段开设创业管理本科专业。二是从专业层次来讲，目前高职教育设有中小企业经营与管理专业，硕士教育设有创业管理硕士点，博士教育设有创业管理博士点，唯独缺少本科教育的创业管理专业。三是武汉理工大学、宁波财经学院等少数院校进行了创业管理本科专业方向的办学实践探索，积累了一定的本科专业办学经验。四是开设创业管理本科专业，可以为具有强烈创业特质的本科学生提供一个成长发展的学习选择机会，有利于真正实施因材施教，有利于创业型人才专业化成长。因此，建议教育部允许开设创业管理本科专业，先在部分高校进行试点探索，再逐步完善创业型人才培养方案，探索创业型人才培养方式。

（三）建立科学专业的创业型人才生源选拔方式招生制度

具有创业潜质或特质的学生一定是少数人，适合创业的也一定是少数人。要在高校推进创业型人才培养工作，一个重要前提就是要把少数适合创业的学生，通过科学专业的测评、选拔，及早发现他们，让其学习更合适的专业。因此，建议教育部出台相关的政策和办法，鼓励高校探索创业型人才选拔方式和招录办法，建立科学专业的创业型人才招生制度，为创业型人才培养提供高质量生源。

（此文写于 2020 年 1 月 29 日）

浅谈高校人才培养的四个问题

高校人才培养中存在的问题很多，这里主要就人才培养理念、专业教学内容、人才培养模式、教师质量水平四个问题，谈一下笔者的粗浅看法。

一、人才培养理念

人才培养理念是高校人才培养的首要问题和核心问题。

何谓“理念”？上升到理性高度的观念叫“理念”。何谓“理性高度”？就是把握了某种事物的本质、认识了规律。

其实，高校人才培养的理念并不是高不可攀，也不需要我们去创造。现代最基本的人才培养理念可以从传统教育思想和辩证唯物主义思想中提炼，赋予它新的时代内涵。因材施教、分类培养的理念每人都知晓，但教育工作者真的认识了吗？真的实践了吗？人的成长成才，内因是根本，外因是条件，这是最基本的辩证法原理。在人才培养中，我们重视的是外因，但没有重视学生能动性的激发。知行合一是非常重要的教育观念，在当今的人才培养工作中践行知行合一，就是要通过客观、全面、科学的认知，促进学习行动。

笔者认为，我们要坚持“差异性、能动性、创新性”人才培养理念。这个“三性”人才培养理念就是前文所述的传统教育思想和辩证唯物主义思想在新时代的具体运用，并不是笔者的原创。

差异性是基础，只有尊重差异性，才能激发能动性，培养创新性。能动性是内驱力，是培养创新性的真正动力。创新性既是过程，也是方法，更是结果。“三性”在人才培养过程中，缺一不可，它们既是互融的，也是系统的。

因此，在人才培养过程中我们要坚持“差异性、能动性、创新性”的人才培养理念，尊重学生个体特质的差异性，激发学生学习和成长成才的能动性，培养学生的创新性。

在高校人才培养工作中，要把握人才培养本质，认识人才培养规律，形成人才培养理念。更重要的是，在工作中要践行人才培养理念，把人才培养理念体现和落实到人才培养全过程。

二、专业教学内容

高校专业教学内容主要指构成专业培养方案的课程体系及每门课程的教材、课件、教案、实验实习实践内容等。

要讨论高校人才培养过程中专业教学内容的问题，先要认识专业和产业的关系。

高校之所以设置或创办某个专业，是因为社会某个行业或产业先产生了，并出现了对某一类专业人才的需求。由此可见，专业与产业的关系是先产生产业，后出现对专业人才的需求，高校再设置或创办某个专业。

专业与产业的关系说明了专业教学内容的设计要紧跟行业或产业发展的现实情况，紧跟产业发展最前沿的技术、最先进的设备工艺、最科学的管理方法，对标行业岗位最新职业能力标准。高校只有这样设计的专业课程体系及每门课程的教材、课件、教案及实验实习实践内容，才能适应社会和产业对高校人才培养的要求。

为什么会出现专业人才培养与社会行业或产业现实需求不相适应的情况？在此，笔者做一个简单的复盘分析。当产生某个产业后，这个产业要发展，就会出现对某类专业人才的需求，高等学校就会针对这类专业人才需求设置或创办这个专业。这个专业刚创办时，其人才培养方案中的课程体系结构、课程教材内容与其对应的产业实际需求是比较吻合(或比较接近)的。但随着社会需求的变化、技术工艺设备的进步，产业发展速度非常快，会产生新的产业、淘汰旧的产业。高校专业教学内容虽然也在改革创新，但由于高校专业教师大都是从校门到校门，对行业产业的发展现状知之甚少，几年后高校专业教学内容与行业产业现实差距会逐步加大(一般情况下，专业办的时间越长，其专业教学内容与行业产业的差距越大)。所以，在这样的背景下，高校专业培养的学生与行业或产业实际需求的差距就会越来越大。

高校专业教学内容与行业产业现实需求不相适应的原因大致有以下几个方面：

一是行业产业发展速度远快于专业教学内容更新的速度。

二是高校教师的学历虽然越来越高，但都摆脱不了从校门到校门的现实。学历越高，越脱离行业产业，越不愿意深入行业产业中去。因为他们大多数人只会做实验、写论文，解决产业现实问题的能力并不强。

三是高校学科建设的重点放在做纵向课题、写论文方面了。高校学科建设更应该面向行业、企业实际需求，解决行业产业发展中的基础理论问题、重大技术问题、“卡脖子”问题等。其实，面向行业、企业的横向课题研究不比纵向课题难度小。

四是专业教师参与行业个业课题和服务企业少，不能及时把行业、企业发展的最新需要反哺到教材内容、课堂教学中去。

五是学校的激励导向机制没有很好地鼓励专业教师开展横向课题研究和社会服务。

如何解决专业教学内容与行业产业实际需求不相适应的问题？笔者认为，一是要改变传统人才培养理念；二是改革人才培养模式；三是大力推进双创教育，探索多种专创融合模式；四是推进现代产业学院建设；五是深化教育评价改革，彻底改革激励导向机制。

三、人才培养模式

要想谈高校人才培养过程中的人才培养模式问题，先来了解一下什么是“模式”，什么是“人才培养模式”。

简单地说，模式是主体行为的一般方式。其实，模式就是解决某一类问题的方法论，把解决某类问题的方法总结归纳到理论高度就是模式。同时，应该看到：模式强调的是形式上的规律，而非实质上的规律。

“人才培养模式”是指在一定的现代教育理论、教育思想指导下，按照特定的培养目标和人才规格，以相对稳定的教学内容、课程体系、管理制度和评估方式，实施人才教育的过程的总和。

1998年，时任教育部副部长的周远清认为，人才培养模式实际上就是人才培养目标、规格以及达成这些目标、规格的方法和手段。笔者根据“模式”“人才培养模式”的内涵，结合当前高校人才培养过程，分析一下人才培养模式方面存在的主要问题。

（一）在人才培养目标的设计上，同质化严重，特色不明显

全国一千多所本科高校中，在人才培养目标上，基本分为研究型和应用型两类。从劳资关系来看，这两种人才类型都属于雇员。因此，高校在人才培养目标上的设计同质化严重，存在人才培养类型的缺失（没有把创业型人才纳入人才培养类型）。

高校在人才培养目标的设计上，不仅要考虑学校层次，还要结合学科特色、专业特色、行业特色、地方特色等。只有综合考虑这四个方面后，才能避免人才培养模式的同质化，形成特色化。

（二）在人才培养规格上，偏好研究型人才，没有重视社会对不同层次人才需求的多元化

在人才培养规格上，很多高校认为本科学校比专科学校水平高，因此，很多职业院校拼命想“专升本”；大学比学院水平高，很多学院想“升大学”；研究型比应用型水平高，应用型本科高校都想通过“申硕”来凸显“研究型”特色。

实际上，在社会需求中，研究型、应用型、工匠型、创业型这四类人才，既是人才个体特质不同的结果，也是社会需求多元化的结果。职业本无贵贱之分，只是社会需求和人才特质不同而已。

社会对人才规格的需求是多元的，既需要研究型人才，也需要更多应用型人才和工匠型人才，更需要创业型人才。如果真要比人才质量，那也只能在同类人才中做比较，不能用不同类型人才做质量比较。

社会对不同类型人才的需求呈橄榄形分布：研究型人才和创业型人才居橄榄的两头，应用型人才和工匠型人才居橄榄的中间。笔者认为其人才比例大致为10∶85∶5（研究型为10、应用型工匠型为85、创业型为5）。

(三)在人才培养目标实现的方法上，重视外因条件建设，忽视学生能动性开发和激励

高校在实现人才培养目标的方法上，比较注重校园建设、教材建设、课程建设、师资队伍建设、实习实践平台建设等。这些方面在人才培养中固然很重要，但从唯物辩证法来看，这些都是条件、是外因，并不能起决定性的作用。要实现人才培养目标，最重要的还是学生学习和成长的能动性开发和激励，而这又是人才培养工作中最难做的事。高校对此既不很重视，又不知如何去做。

(四)在人才培养目标实现的手段上，没有真正以社会需求为导向

高校在实现人才培养目标的手段方面，没有真正以社会需求为导向，忘记了高校为什么要设置和创办某一专业的初心。有的高校以有什么师资来办什么专业，有的高校以什么专业好招生来办什么专业，有的高校以什么专业办学成本低来办什么专业。在课程体系设计和课程内容方面，也没有与行业、企业需求或社会需求结合。学生只要按照学校现有专业人才培养方案取得了全部学分就可以毕业，不是以是否满足社会需要为检验标准。培养的学生能否适应社会需求，很多学校并不是太在意。

其实，影响人才培养模式的因素很多，不止这四个方面，如人才培养模式先受人才培养理念的影响，管理制度也是很重要的因素。

四、师资水平

(一)什么是合格教师

一名合格的教师应该具备什么条件？它有基本标准吗？笔者认为这个基本标准早就有了。《师说》对教师的基本要求和基本标准早就说得十分清楚了："师者，传道授业解惑也。"

一名合格的教师，不只是给学生授业，还要给学生传道解惑。就是说，一名合格的教师，不只是给学生传授知识，还要给学生进行世界观、人生观、价值观的引导，帮助学生解决学习和成长中的各种困惑和问题，做学生学业和成长的导师。只有传道授业解惑都尽职了的教师，才能被称为合格教师。

目前，很多高校教师认为自己完成授课任务就是合格老师了，对此，笔者不敢苟同。

(二)什么是优秀教师

前面表达了笔者对合格教师的一孔之见。什么是优秀教师?优秀教师又有什么标准呢?

关于优秀教师的标准，我们可以从高校职能的四个方面来判断。高校的主要职能是文化传承创新、人才培养、科学研究、社会服务(有人说还有国际交流合作，但这个职能在前面四个方面都体现了，只是对象和区域不同罢了)。高校职能是靠广大教师来实现的，一名教师应该在高校职能的四个方面都能有所作为、有所建树才是优秀的。一名只能上课、完成好教学任务的教师，只能是优秀教学能手。

(三)高校师资队伍存在的主要问题

1. 教师师德修养需要进一步提升

教师师德修养是当前教师队伍建设的首要问题。教师是人类灵魂的工程师，要有爱心、有奉献精神。受社会环境和多种因素的影响，有的教师功利心很强，甚至是精致的利己主义者。师德修养有问题的教师，怎么可能培养出社会主义事业的接班人或建设者?

2. 教师人才培养理念需要进一步提升

在师资队伍建设中，“五唯”现象还是比较突出的。高校对教师培训的时间少、内容少，很多是流于形式。在美国，一个清洁工上岗都要培训40多天，培训十几个方面的能力。相比较而言，我国高校教师上岗的培训就太过于应付了，其中对教师人才培养理念的培训更是不太重视。如果教师的人才培养理念不正确，就说明教师对人才培养的本质没把握、规律没认识，在人才培养过程中就抓不住主要矛盾和矛盾的主要方面，有时还可能犯重大错误。教师的人才培养理念是阴，教师的专业能力是阳，只有阴阳结合才能完成教师的使命。

3. 教师的能力结构不合理

由于高校过度追求高学历，新进教师基本都是从校门到校门。他们的学历高、论文水平高、科研能力很强，但缺乏对专业、企业、行业、产业的了解，解决行业产业实际问题的能力不强。有的人喜欢单打独干，团队合作意识不强，团队建设和整合资源能力不足。这些能力的缺失，是不利于教师成长和发展的。

(四)教师激发学生能动性的意愿和能力不强

学生的成长与发展，自身的能动性是内因，是决定因素，这是唯物辩证法最基本的观点和方法论。但很多教师对此并不重视，或者说他们激发学生能动性的意愿和能力不强。作为教师，如何通过自己的课堂教学，激发学生学习和成长的能动性，是摆在每位教师面前的首要问题，其次是教授学习方法，最后是传授知识，而很多教师可能恰好相反。

（五）有些教师不知道学科建设的初心使命

从事专业相对应的学科研究，是一个教师应该而且必须做的事。很多教师并不知道从事学科建设的初心和使命，以为做科学研究就是写论文、搞项目、做课题，为评职称做准备。如此初心，必然会影响教学科研和人才培养。

学科建设的初心使命是什么？笔者认为：开展学科建设的初心使命，首先是为了认识和掌握学科领域事物之间的基本关系、基本原理、基本规律，从而促进学科相对应的行业产业发展；其次是把这些学科领域最新的研究成果及时反馈到人才培养中，从而提升人才培养质量。

（此文写于2021年9月10日）

创业管理本科专业设置是我国高校人才培养类型的重大突破

2021年年初，教育部公布了37个新增本科专业，创业管理本科专业位列其中。这一消息的公布，并没引起社会太多关注，大家都只是把它视为一个普通新增专业而已。其实，我国高等学校设置创业管理本科专业的意义非常重大，这是我国高校人才培养类型的重大突破。

一、全球高等教育史是一部雇员型人才教育发展史

我国高等教育发展已有一百多年，世界高等教育发展将近九百年。从全球高等教育在专业人才培养目标类型设置来看，不管是研究型人才还是应用型人才，都是以人才在职场中的功能作用来划分的。从劳资关系来看，研究型人才、应用型人才都是雇员型人才。因此，全球高等教育发展史，也可以说是一部雇员型人才教育发展史。

雇主型人才从职业功能性来看也属于应用型人才，但从劳资关系来看，全球高等教育在专业人才培养目标类型上缺失了对雇主型（创业型）人才的培养。高等学校只培养雇员型人才，雇员的岗位从何而来？只有更多的雇主才能提供更多的雇员工作岗位。

从高等学校专业设置的逻辑来看，高等学校为什么要设置某一个专业？

无非是社会产生了一个行业或产业，出现了对某类专业人才的需求。所以，专业设置的逻辑起点是社会对某种类型人才的需求。社会发展对雇主型人才有着十分迫切的需求，这是显而易见的，只是过去的全球高等教育对此没有关注。

二、我国创业管理本科专业创建过程

创业管理本科专业的创办是我国政府管理部门、高校创业教育工作者共同努力的结果。以笔者的经历与见识，现将创业管理本科专业的创建过程记录如下。

2008 年，笔者作为负责人，成功申报教育部质量工程项目——创业人才培养实验区。为推进该培养实验区建设，在武汉理工大学 2010 级本科学生中探索开设了“创业管理”二学位课程(50 个学时)。与此同时，中山大学、中央财经大学等高校也开始探索不同形式的创业教育专业教育。

2013 年，宁波财经学院与深圳国泰安教育技术股份有限公司合作成立了混合制创业学院，实施全日制本科创业管理人才的“专业化”培养，开启了在该校探索创业管理本科专业教育。2014 年，该专业获批浙江省新兴特色专业；2019 年，该学院与“长城战略咨询”共建长城商学院，打造双创教育升级版。

2014 年 12 月，教育部下属的高等学校学生信息咨询与就业指导中心在中山大学举办就业与创业论坛，笔者在论坛上首次提出应该把创业型人才作为高校人才培养目标类型。2016 年，武汉理工大学率先在高校设置实体教学单位——创业学院，笔者任创始院长，配备 30 个教师编制，于 2017 年开始招收工商管理(创业管理方向)本科专业学生，制订出 150 个学分的专业培养方案。同年，武汉理工大学、宁波财经学院向教育部申报创业管理本科专业，未获批准。此后 3 年，宁波财经学院连续向教育部申报创业管理本科专业。

2018 年，山东女子学院、兰州财经大学等高校探索不同形式的创业管理本科方向教育。

2019 年 12 月，笔者联合同济大学、温州大学、宁波财经学院、兰州财经大学等高校在武汉召开高校创业教育课程体系与教材建设研讨会，与会代表呼吁向教育部申办创业管理本科专业。

2020 年 2 月，笔者撰写了《关于“创业型人才”纳入高校人才培养类型的建议》，由全国人大代表刘光萍教授在 2020 年全国两会上申报列入“人大代表建议”(第 1199 号建议)。同年 11 月，教育部回复刘光萍教授的全国人大代表建议：将支持有条件的高校自主设置创业管理有关专业，培养创业型人才。

此前的9月，宁波财经学院向教育部申报创业管理本科专业获批，成为全国首个获批创业管理本科专业的高等学校。

2021年3月，教育部公布37个新增本科专业，创业管理本科专业位列其中。

（此文写于2021年9月24日）

创业之我见

广义地理解，创业就是追求事业成功的过程。一个人要获得事业的成功是有条件的，这些条件包括内因和外因两个方面。内因是指个人成才能动性和自身的能力素质，外因包括的内容有很多，最重要的是资源、团队及平台。

一个人要获得事业成功的路径有多条：有的人利用国家平台，在实现国家事业目标的过程中实现个人事业的成功；有的人利用社会平台，在实现社会事业目标的过程中实现个人事业的成功；有的人利用企业平台，在实现企业目标的过程中实现个人事业的成功……这些成功的路径虽然有区别，但都有一个共同的特征：个人以雇员的职业关系角色，在他人的平台上成就自己的事业。

除此以外，还有一条成就事业的路径就是个人以雇主的职业关系角色，在自己创建的平台上与团队成员共同成就一番事业。这条路径就是个人自主创办一家企业，运用商业的方式解决某种社会需求问题，最后成就一番事业。

关于创业的定义，众说纷纭。每一个创业的定义，都是研究者从不同的视角对创业内涵的概括或总结，各有特色。到目前为止，也没有一个绝对权威的定义。例如，百度搜索对创业的定义是：一个发现和捕获机会，并由此创造新颖的产品服务和实现其潜在价值的过程。这个定义注重机会发现和价值实现，强调了创业就是创造新的产品服务的一个过程。但创业的逻辑起点真的就是机会发现吗？那机会的源头又是什么？难道创业是一种机会投机吗？每个定义既有揭示社会实践活动客观本质的方面，也有可以讨论、存疑的方面。

根据个人的创业实践经历感悟和创业教育研究思考，笔者在此给出创业的定义：创业就是通过自己创办企业，运用商业的方式去解决社会需求问题，最后成就一番事业的过程。也可以这样来理解这个的定义，即创业就是根据社会的某种需求(或问题)，通过整合各种资源，设计创造一类专业的产品或服务，运用商业的方式，去满足需求、解决问题、创造价值，最后成就一番事业的过程。

一、怎么理解创业的定义

从整体上来理解这个定义，它肯定了创业的核心和根本是一个以追求事业成功为目的的社会实践活动过程。既然要取得某种事业成功，当然就离不开团队。从这个层面来看，它强调了创业过程中团队的作用和重要性，一个人离开团队是不可能取得创业成功的。下面逐句对创业定义进行细化说明。

第一句："根据社会的某种需求(或问题)"，它强调了创业的逻辑起点是社会的某种需求或某个痛点问题。创业者创办一家企业，往往源于发现了身边社会的某种刚性需求或痛点问题，让其产生了某种强烈的社会责任感，激发创业者去解决这个需求问题。这就是创业者的初心，是创业者面对创业过程中诸多不确定性和各种困难挫折能坚持下去的内在动力。

第二句："通过整合各种资源"，它说明了各种资源对创业成功的重要性。创业是一种社会实践活动，要能够有效地解决社会某种需求问题，是需要一定资源做保障的。创业者不是发现身边社会的所有需求问题都能解决，而是要根据解决需求所需要的各种条件，对需要的资源进行客观分析：哪些是已具备的，哪些是通过整合可以得到的，哪些是通过某种努力可以聚集的。创业不能光凭激情，还要一份理性。

第三句："设计创造一类专业的产品或服务"，它说明了创业中包含创新，创新是创业过程中不可缺少的重要元素。这里，"设计"就是创新，"创造"包含着创意，创意和创造就构成了完整意义上的创新。这样，我们既可以理解创业与创新的关系，认识到创业的产品(或服务)是创新的成果，具有一定的专业性，有一道防火墙，有一定的门槛；也可以认为，没有创新去创办企业，不能称之为创业。

第四句："运用商业的方式"，它说明了创业活动的运作方式是商业化的。人们解决社会需求问题的方式是多样的，如公务员是用公权力解决社会各种问题，慈善机构是利用社会捐资解决社会某个需求问题，每种方式使用的资源不一样。创业是选择商业的方式，它的资源或要素利用是市场行为，从而决定了企业的商业化运作方式，即盈利性。如果企业不盈利，就不是企业，盈利是企业(公司)的基本属性之一，但它并不是企业创办者个人的初心。

第五句："去满足需求、解决问题、创造价值"，它说明了创业实践的逻辑起点。创业实践的逻辑起点是"需求"，满足需求是"因"，解决问题是"过程"，创造价值是"果"。创业之所以有价值，是因为创业满足了人们的需求，不能满足需求就不可能创造价值；不能很好地满足客户需求，创业就不能取得成功。

第六句："成就一番事业的过程"，它强调了事业成功是创业活动的目标导向。创业比较容易选择，但最难做成功。创业价值的体现就是创业活动的成功，也就是创业者事业的成功。

二、分清两个区别

有人说，创业者就是生意人、企业家，真的是这样吗？笔者认为，这三者有相同之处，也有不同。

(一)创业者与生意人的区别

现实生活中，创业者和生意人都是市场主体的创办者，都是通过商业方式来满足社会的某种需求、解决社会的某种问题。表面上看，两者之间没有什么区别。但透过现象看，创业者和生意人有以下几点区别。

1. 创办企业的初心不同

创业者创办企业的初心，是发现了社会上某种需求痛点后，有一种解决这个问题的强烈责任感。生意人创办企业的初心，多是为了赚钱发财。我们也可以这样理解：当企业创办者初心与企业的盈利性一致时，就是生意人；当上述两者不一致时，则是创业者。

2. 产品的研发投入不同

生意人在创办企业时，一般只售卖产品(或服务)而没有研发团队、没有研发经费投入，其产品有可能是高科技产品，但不是生意人创新研发出来的。创业者为解决某种需求问题，在产品研发上有投入、有团队、有创新。因为只有研发投入，产品才可能有门槛、有竞争力，创业者才可能取得创业成功。

3. 精神世界不同

生意人是以赚钱发财为主要目的，其精神世界充满了商人意识、商人思维。赚钱是生意人的核心追求，有的生意人甚至为了赚钱而不择手段。创业者以解决社会某种需求问题为己任，有着强烈的社会责任感和使命担当，其精神世界充满企业家精神的光芒。

4. 职业发展结果不同

由于前三个方面的差异性，生意人的职业发展结果只能成为老板，创业者最终也不可能都成为企业家，但可以成就一番自己始志不渝、终生追求的事业。

创业者与生意人的区别，如表 2 所示。

表 2　创业者与生意人的区别

不同角度	生意人	创业者
初心	赚钱	解决社会需求
公司产品	无投入、无研发团队	有投入、有研发团队
精神世界	商人意识和思维	企业家意识和思维
职业发展结果	老板	成功创业者或企业家

以上四个区别，是从研究的角度对创业者和生意人进行分析得出的。在现实中，很多创业者由最初的生意人转变而来，少数人最后成为了企业家。

(二)企业家与老板的区别

现实社会中，有些人注册成立的公司成活了几年或小有规模，就认为自己是企业家了。有的人创立的公司成为中等规模企业，政府部门或社会人士出于尊重，也往往称他们企业家。

什么样的人才能称为企业家？笔者认为：第一，要具有企业家精神，即创业的意识、思维、精神、品质和能力；第二，要具备较高的能力素质，不仅是优秀创业者，更是卓越的商业领袖；第三，企业经营有较大规模，为社会产业经济发展做出了较大贡献；第四，承担了相应的社会责任，如在解决社会就业问题、为国家纳税、承担社会责任等方面做出了与企业规模相适应的贡献等。

由此可以发现，企业家和老板有以下四个方面的区别：

第一，创业目的不同。老板是为赚钱创业的，企业家是为解决社会需求问题创业的。

第二，能力素质不同。有些老板的个人能力、素质不高甚至很低；企业家是能力强、素质高、遵纪守法的优秀创业者。

第三，企业经营规模不同。大多数老板经营的企业规模为中小型，而企业家经营的企业多为行业头部。

第四，对社会的贡献不同。老板对社会的贡献是较小的，很多老板不太愿意主动承担社会责任，企业家则正好相反。

企业家与老板的区别，用一句比较形象的话来说就是，企业家把创办的企业当作儿子悉心培养；老板把创办的企业当作牛马，为了卖钱。

三、创业定义的启示

（一）培养大学生形成正确的创业价值观

中国高校以前没有很好地推进创业教育，导致我国经济社会出现了一个现象：老板很多，企业家太少。这种现象对国家经济发展和社会稳定是有不利影响的。要改变这种现象，就应该培养大学生形成正确的创业价值观。创业一定是基于解决社会需求问题的，这才是创业的初心与使命。盈利是企业的属性，不是创业者的初心。企业的盈利性和创业者的初心分别是企业主体和创业主体的不同目的，它是两个不同主体的不同目的。其实，这两个主体的不同目的并不是对立的。当创业者不忘初心、专注解决好了需求问题，实现企业盈利就是顺理成章的事。

（二）充分认识创新在创业中的重要作用

创业包含创新，创新是创业过程中非常重要的元素。在创办企业的过程中，是否具有产品研发团队和产品研发投入，是区别生意人和创业者的标准之一，没有创新的创业不能称之为创业。只有创新，企业才能使产品或服务更具有新颖性和市场竞争力，才能有效满足某种社会需求。我们要充分认识创新在创业中的重要作用，鼓励大学生在国家创新驱动发展战略中发挥主生力军作用。

（三）创业能力素质是在创业实践中历练出来的

要取得创业的成功，除了需要很多资源和条件，更需要创业者具备较高的能力素质。有效把控创业过程中的诸多风险和不确性，靠的是创业者自身的能力素质。这些能力素质包括创业者的创业特质、领袖素质、商业素质，对创业行业的深度认知和经验积累，以及对创业项目和产品的把控能力。这些能力素质是创业者在创业实践中不断历练、不断获得的。大学生要勇于投身创业实践，在成长中创业，在创业中成长。

（四）要加强企业家精神培养

什么是企业家精神？笔者认为，企业家精神是无数成功创业者在长期创业实践中积累的宝贵精神财富，是由支撑创业成功的创业意识、创业思维、创业精神、创业品质和创业素质等构成的体系，是创业者取得创业成功的重要精神财富。高校大力加强大学生企业家精神培养，以企业家精神培养促进大学生创新创业教育，促进大学生职业发展，促进大学生创业成功。

（此文写于 2021 年 9 月 10 日）

专业教师如何在践行高校社会职能中成长发展

笔者在公办高校工作多年，时常认为一些专业教师的成长与发展能动性较弱。在民办高校工作一段时间后，本人感觉民办高校专业教师的成长与发展能动性更弱：有的专业教师只安于完成教学工作量，只能获得与之相适应的工资收入，却抱怨学校给的工资低，不愿从事文化传承、科学研究和社会服务等挑战性工作。这实际上使专业教师的成长与发展陷入恶性循环。一名自身发展动力不足、看不到自身发展希望的专业教师是不可能全身心投入学生成长与发展教育中去的，也不可能全身心投入学校的事业发展中去。

高校有四大主要社会职能，即文化传承创新、人才培养、科学研究和社会服务。高校的社会职能实现的主体是高校广大专业教师，因此高校的社会职能决定了高校专业教师的社会职责，也决定和影响了专业教师的成长发展和经济收入。当然，高校的社会职能要由学校全体教师去共同实现，从个体教师来讲，不可能四个方面都做得很好。要想得到很好成长与发展的专业教师，必须从以下四个方面去努力。

一、高校社会职能与专业教师工作职责

专业教师的文化传承创新职责。高校四大职能的实现，归根结底都是和人打交道，不管是面向社会管理者、社会服务者还是高校学生，高校教师都应该传播先进的社会文化，其核心内容就是价值观引导。所以，高校教师在行业领域的学科研究、学术交流、人才培养的过程中，都应该义不容辞地向社会传播中华优秀传统文化和社会主义核心价值观。

专业教师的人才培养职责。人才培养是高校的主要社会职能，人才培养需求是高校存在的基础。高校人才培养包括管理育人、教学育人、服务育人，但专业教师一定是人才培养的主力军。专业教师人才培养的职责不仅体现在教学活动中，还应该体现在学生成长的各个方面。

专业教师的科学研究职责。人们的需求是在不断变化的，社会是在不断发展的，社会各领域的技术、工艺、设备、管理是在不断创新的。高校人才培养要想紧跟时代发展步伐，就要对专业对应行业领域的发展状态进行科学研究。对行业领域进行科学研究，一是为了促进行业领域的技术进步产品发展，二是将行业领域的最新成果和最新知识反哺到人才培养过程中，从而提高人才培养质量。

专业教师的社会服务职责。专业教师除了要对专业对应的行业领域进行

科学研究外，还要用自己的专业技术能力去帮助解决行业领域实际问题，开展社会服务活动。社会服务就是要帮助社会解决真问题，只有帮助行业领域解决真问题，才能体现专业教师的专业价值与社会担当。

二、专业教师在履行社会职责中成长发展

专业教师是在履行社会职责中成长发展的，而专业教师的成长发展是通过学术、科研、教学能力提升和社会贡献、影响力与职称晋升等多方面多维度来体现的。

专业教师成长与发展的途径是多样的。一名只从事教学活动的教师，其发展路径是非常狭窄的，其发展与成长的机会是相对较少的。所以，专业教师要围绕高校主要职能的四个方面，全面履职尽责。

专业教师是在干中成长的，即在践行高校四大职能伴随着学校事业的发展而成长的，更是在个人主动积极的努力中成长的。

三、专业教师在履行职责中提升个人经济收入

我国现行的收入分配制度是“各尽所能，按劳分配”，国家鼓励勤劳创新致富，教师的收入是按教师为社会付出的劳动量进行分配的。因为公办高校和民办高校专业教师收入来源不一样，所以工资收入有一定差别也很正常。公办高校教师工资收入主要来自政府教育经费投入，民办学校专业教师的工资收入只能源于学生学费收入的一部分。

从高校的四大社会职能来看，专业教师的工作职责体现在高校四大社会职能中，而专业教师的经济收入又源于专业教师的四大职责履行中。专业教师开展的大部分文化传承活动是公益性质的，少部分专业学术活动可以获得相应报酬；专业教师开展的人才培养教学活动，获得的是学校给予的工资收入；专业教师在科学研究活动中，可以获得适当的科研报酬收入和科技成果转化收益；专业教师开展的各类社会活动也可获得与其贡献相匹配的经济收入。

由此可见，教师在履行与高校四大社会职能相对应的职责时，一般可以获得与其劳动和贡献相匹配的经济收入。从这个关系可以看出，专业教师不能只满足于从事人才培养的教学活动，还应积极投身文化传承创新、科学研究和社会服务中去。高校在主动全面履行社会职能的过程中，要促进专业教师的发展与成长，提升专业教师个人的经济收入。

专业教师的成长是干出来的，专业教师的幸福是奋斗出来的。上好课、完成教学任务只是专业教师的基本职责之一，优秀的专业教师还应从事文化

传承创新、科学研究和社会服务。只上课的教师很难成为优秀教育工作者，只有教学工作量收入的教师是很难有幸福感和成就感的。专业教师在文化传承创新、科学研究和社会服务等方面应做出自己的贡献，取得相应的成就。

（此文写于2021年10月1日）

关于高校学科建设与专业建设的十点感悟

一年多来，本人一直在思考和研究高校专创融合的问题，专创融合首先遇到的是专业建设问题，而专业建设与学科建设又是紧密联系的。

本人是专业建设和学科建设的门外汉，迫于对专创融合问题的研究需要，最近拜访了几位学科专业建设的专家，研习了一些关于学科专业建设的文章，对此产生了一些个人的一孔之见，现在分享出来，抛砖引玉，期望得到专家的批评指正。

一、对学科来源的理解

依据“学科是相对独立的知识体系”这一定义来思考，某一学科相对独立的知识体系源于何处？我理解，它源于社会经济生活中某个实践领域。

某一学科相对独立的知识体系就是人们对社会经济生活某一实践领域事物本质、规律、原理的认知，并通过概念、模型、工具等方法论加以总结，使一个完整的社会实践活动（或行业产业）通过一个个知识点抽象总结出来，这些碎片化的知识点构成了相对独立的知识体系。

我们也可以这样理解：学科是社会经济生活某一行业领域实践探索的学术展示或体现。所以，学科问题源于社会经济生活某一行业领域的问题与需求。

二、社会需求问题与学科的关系

社会经济生活中有着各种不同的领域，每个领域都有人类进行社会实践活动，人类通过认识世界而不断改造世界。这个过程的逻辑就是“发现问题、分析问题、解决问题、总结问题”。

人类对社会经济生活某一行业领域社会需求问题的探索、发现和总结，就会形成这一领域相对独立的知识体系。通过知识体系，后人能够方便快捷地认识世界，而不需要每代人都通过实践探索来发现事物的规律。这样，后人就能通过前人实践探索发现的知识体系，快速地认识和掌握该领域的客观规律，对这些知识的应用就会变成改造世界的能力。

因此，解决社会经济生活某一行业领域社会需求问题的过程是实践，在实践过程中通过认识社会需求问题的本质规律形成的知识体系就是理论。我们可以把社会需求问题与学科的关系理解为实践与理论的关系：理论源于实践，反过来又指导实践。

三、某一行业产业实践领域与专业的逻辑关系

高等学校或中等专业学校根据社会分工需要而划分的学业门类叫专业。从社会的角度看，专业是为满足从事某种社会职业所必须接受的训练而设置的。

我们从专业的上述定义可以看出，先有社会实践领域(或某一行业产业)的某一类职业的需要，后有高校为此而开设的专业，即先有社会某一行业实践领域对某类专业人才的需求，后有高校专业的设置。

由这个逻辑关系，我们要深刻认识到高校专业发展要紧跟社会实践领域(或某一行业产业)的发展步伐，尽量缩小差距。

四、专业与学科的关系

学科是专业的基础，专业是由具有不同学科知识的课程体系构建的。专业是对学科知识的选择与组织，高校某个专业的课程体系是由公共基础课(通识课程)、专业基础课、专业课等课程模块构成的，而这些课程是对多门学科知识的选择与组织。

学科与专业的结合是通过课程的设置及课程内容体现的，专业处在学科体系与社会职业需求的交叉点。

五、专业解决人的问题，学科解决事的问题

高校的专业是为解决社会实践某一领域(或某一行业产业)对某种职业的需求问题而设置的，可以这样理解，专业是解决社会经济生活某一领域(或某一产业行业)对专业人才需求的问题，即专业是解决人的问题。

学科是对社会实践某一领域(或某一产业行业)进行“发现问题、分析问题、解决问题、总结问题”的过程，它是用学术的形式总结归纳社会实践某一领域(或某一行业产业)事物的本质规律、理论模型、概念定义等。所以，学科是研究和解决社会实践某一领域的事的问题。

六、专业、学科产生的先后顺序

笔者从对专业人士的访谈中得知：先产生专业，后产生学科。

如果这一先后顺序确实如此的话，那么我们可否理解为：最早开办的大学、专业，只是针对社会实践某一领域(或某一行业产业)中某一种职业的专业人才需求而设置的？随着社会经济的发展(当然包括产业行业的发展)，人们认识的领域和事物越来越多，同时由于高校的发展以及开设新专业的需要，加上专业创办经验的积累等因素，对某一领域相对独立知识的积累形成一个相对独立的知识体系，从而形成了“学科”。

七、高校学科建设如何为专业发展提供最新成果和最新知识

既然专业是由具有不同学科知识的课程体系构建的，学科与专业的结合是通过课程的设置及课程内容体现的，那么高校学科建设要为专业发展提供社会实践某一领域(或某一行业产业)最新成果和最新知识，专业所培养的人才才能适应社会发展的需要。

为了实现这一目标，高校学科建设就应该紧密结合其对应社会实践某一领域(或某一行业产业)最前沿的真实状况，包括该领域的最新产品、最新技术、最新工艺、最新设备、最新服务等。

实现这一目标的手段和方法，就是用创新的理念和方法，缩小现有专业课程体系内容与社会实践某一领域(或某一行业产业)相应职业能力需求的差距，这种手段与方法就是专创融合。

八、学科建设中师资队伍建设如何适应社会需求

师资队伍建设是高校学科建设的重要内容之一。现在高校(特别是重点本科学校)引进的教师都是从学校到学校，一般只有专业领域的理论知识，可能不了解其专业和学科对应的社会领域，这是目前高校师资队伍建设中一个非常突出的问题。虽然很多高校也规定新进教师至少要有半年企业实践经历，但这一规定大都流于形式。

因此，高校要十分重视师资队伍建设中存在的这一问题，要大胆改革工作量核算、职称评定等导向制度；采取多种形式和办法，引导教师面向专业和学科对应的社会领域进行学术研究与实践探索；引进一部分具有学科专业实践经验的优秀教师，改善高校师资队伍结构。

九、学科建设中的科学研究如何面向国家和社会(或者产业行业)的重大需求

科学研究是高校学科建设的重要内容之一。科学研究不要为了研究而研究，不能坐在工作室里凭自己的想象提出问题进行研究，不能为了评职称或完成工作量去做研究。

科学研究的选题应该面向国家社会经济发展的重大需求和行业产业的实际需求。科学研究的价值所在，就是能够解决国家社会经济发展和行业产业发展的实际问题。

确立选题的真实性问题后，科学研究的成果呈现应该是多元化的，可以是论文、专利、技术报告、研究报告、咨询报告等，也可以创立一家面向市场的企业。

高校不要唯纵向课题论英雄，要把一些面向行业企业重大横向课题给予与纵向课题一样的待遇，将其认定为教师在成果转化和市场实践中取得的重要成果。

十、学科建设中的学科管理要主动适应社会经济发展需要

学科管理也是高校学科建设中的重要内容之一。学科管理如果能够主动适应社会经济发展需要，并随着社会经济发展及时调整管理的内容、方式和制度，就能促进学科建设发展；反之，就会成为学科发展的阻力。

在政府部门和高等学校分别负责的学科管理中，虽然高校学科管理对学科建设影响更直接，但政府部门的学科管理对学科建设更具有导向性。

高校学科管理要改变传统学科建设观念，要把检验学科建设发展的标准定位在是否真正适应了国家社会经济发展(或行业产业发展)的需要，不要机械地参照已不适应社会发展的文件做标准(这并不是说学科管理不要规范性)，要在学科定位、学科队伍建设、科学研究、人才培养、学科基地建设等方面大胆改革创新。我国社会经济发展已处于新的发展阶段，高校学科管理要主动适应这种变化，努力推动学科管理的创新发展。

专业建设和学科建设需要思考和讨论的问题很多，由于笔者并不是一个专业、学科建设方面的权威专家，提出的上述观点可能存在错误。在此，欢迎大家交流讨论，并指出批评指正。

(此文写于 2021 年 10 月 8 日)

“学科与专业”学习笔记

一、学科的基本内涵

“学科”一词译自英文“discipline”，一方面是指知识的分类和学习的科目，另一方面指进行的培育，尤其侧重于带有强力性质的规范和塑造。国家标准(GB/T 13735-92)定义，“学科是相对独立的知识体系”。

学科的概念有两种内涵：一是指学术的分类，即一类科学领域或一门科学的专业分支；二是教学科目的简称(即科目)，即依据一定的教学理论组织起来的科学知识体系。

我国的学科设置有一级、二级、三级，其中一级学科有117个(2022年)。

二、专业的基本内涵

专业的定义有：“高等学校和中等专业学校根据社会分工、经济和社会发展需要以及学科的发展和分类状况而划分的学业门类”(百度)；“高等学校和中等专业学校设置的各种专业，体现各自不同的培养目标和规格，制定各自不同的教学计划和课程体系”(《实用教育大词典》)；“高等学校或中等专业学校根据社会分工需要而划分的学业门类”(《辞海》)；在西方高等教育中，专业指范围大小不同的专门“领域”。

可从以下三个层面对专业进行理解：

广义的专业是指某种职业不同于其他职业的一些特定的劳动特点。

狭义的专业主要指某些特定的社会职业。一般人所理解的专业是指这类特点的职业。

特指的专业，即高等学校的专业。潘懋元等人认为，“专业是课程的一种组织形式”，课程的不同组合形成不同的专业。

三、学科与专业的区别

(一)学科形成的要素

一是研究的对象或研究的领域，即这门学科具有独特的不可替代的研究对象，具有特殊的规律。二是理论体系，即形成特有的概念、原理、命题、规律，构成严密的逻辑体系。三是研究方法。

(二)专业构成的要素

专业的构成主要有专业培养目标、课程体系和专业中的人。其中，培养目标对整个专业活动起导向和规范作用，专业建设很大程度上取决于对专业培养目标的定位与设计，课程体系直接影响专业建设与发展。

（三）划分学科与设置专业的原则

学科划分遵循知识体系自身的逻辑，专业是按照社会对不同领域和岗位的专门人才的需要来设置的。

（四）高校和社会对专业设置不同的认识角度

从高校的角度看，专业是为学科承担人才培养职能而设置的；

从社会的角度看，专业是为满足从事某种社会职业所必须接受的训练而设置的。

（五）学科与专业所追求的目标

不同领域的专门人才需要什么样的知识结构，专业就组织什么样的学科来满足。

专业以学科为依托，有时某个专业需要若干个学科支撑，有时某个学科又下设若干个专业，有时一个学科就是一个专业。

学科发展的核心是知识的发现和创新，以本学科研究的成果为目标，向社会提供的产品一般称为“科研成果”。专业则以为社会培养各级各类专业人才为己任。

学科与专业两者相互依存，相互发展。专业是学科承担人才培养职能的基地，学科是专业发展的基础。

（六）学科与专业不同的偏指

学科偏指知识体系而言，专业偏指社会职业的领域。因此，一个专业可能要求多种学科的综合，而一个学科可在不同专业领域中去应用。

四、专业与学科的联系

专业与学科是不同的，但也密切相关、相辅相成。专业以学科为依托、为后盾，学科的发展又以专业为基础。专业主要为学科承担人才培养的任务，是学科的基础，更主要的是为社会的发展培养高素质的劳动者；学科为专业建设提供发展的最新成果，可用于教学的新知识、师资培训、研究基地。从面向社会培养人才的角度来看，在专业定位及培养目标、专业口径、教学计划、教学内容、教学方法、教学手段的研究与使用、教材、实验设计与开发、教学管理制度等方面的问题，学科建设的作用是间接的，也是无可替代的。

五、学科建设

(一)如何认识学科建设

一是从学科建设的内容上认识。学科建设是高等学校以学科为划分，对学科的学术队伍、科学研究、人才培养、支撑平台的建设。

二是从学科建设的地位和作用上认识。学科建设是高校建设发展的重心和核心工作。

(二)高校学科建设的内容(六个要素)

要素一：学科定位(学科方向、发展层次)；

要素二：学科队伍(学科带头人、学科梯队)；

要素三：科学研究；

要素四：人才培养；

要素五：学科基地(实验室、重点学科、设备)；

要素六：学科管理。

(此文写于2021年10月15日)

企业家与企业家精神

一、为什么培养企业家精神

新时代发展需要大批企业家。中国虽然已是世界第二大经济体，但存在着一个突出的社会问题：老板太多，企业家太少。在向第二个百年奋斗目标迈进的新时代，在实现民族复兴的伟大征程中，需要培养大批具有企业家精神的创业者和企业家。

企业家精神是高校双创教育的重要内容。高校的双创教育，不仅要培养大学生创新创业能力，更要学习传承科学家精神、工匠精神和企业家精神。这三种精神既有共同的特性，也有各自独特的内涵。高校双创教育要针对不同学生的特质和需求开展上述三种精神教育。特别是企业家精神的教育，并不只是针对创业学生的教育，还是面向全体学生的教育。

企业家精神和企业创办能力是企业家不可或缺的两个方面。不能把一家企业做到一定规模的人就不能称为企业家，企业家不仅要具备较强的企业创办和管理能力，还要具备一定的企业家精神。从国学的角度来讲，创办和管理企业的能力属于阳，企业家精神为阴，一个完整的事物由阴阳两方面构成，两者缺一不可。所以，企业家必须具备企业家精神和企业创办能力(图 20)。

图 20 企业家的两面

二、习近平总书记关于企业家精神的讲话

2020 年 7 月 21 日，习近平总书记在北京主持召开了企业家座谈会并发表重要讲话。

从习近平总书记重要讲话中对参会者的称谓来理解什么是企业家。开始时，习近平总书记说，“出席今天座谈会的，有国有企业负责人，有民营企业家，有外资企业和港澳台资企业管理人员，有个体工商户代表”①。

中国企业家队伍的特色。习近平总书记在上述讲话中指出，“改革开放以来，一大批有胆识、勇创新的企业家茁壮成长，形成了具有鲜明时代特色、民族特色、世界水准的中国企业家队伍”①。习近平总书记深刻总结出改革开放四十多年中国企业家队伍的三个鲜明特色。

从习近平总书记的殷切期望中理解企业家精神。习近平总书记给中国企业家群体提出了五点要求：“第一，希望大家增强爱国情怀；第二，希望大家勇于创新；第三，希望大家诚信守法；第四，希望大家承担社会责任；第五，希望大家拓展国际视野。”① 这为中国企业家队伍建设和企业家精神培养指明了方向。

三、企业家精神之我见

(一)企业家精神的定义

企业家精神并不是某一个优秀企业家精神品质的展示，而是无数个成功创业者在长期创业实践中积累的宝贵精神财富，是无数成功创业者先进精神和优秀品质的抽象与聚合。优秀的企业家只能展示企业家精神的部分内容，

① 习近平：《在企业家座谈会上的讲话》，人民网，2020-07-21。

而不是全部。

企业家精神是由支撑创业实践活动取得成功的创业意识、创业思维、创业精神、创业品质和创业素质等方面构成的思想体系。

科学家精神、工匠精神和企业家精神构成高校创新创业教育的重要内容。这三种精神既有共同的特性，也有各自独特的内涵。对不同特质的学生，高校要对上述三种精神展开有针对性的教育。

（二）企业家精神的内涵

根据企业家精神的定义，现在对企业家精神的内涵作如下解读。

创业意识主要包括雇主意识、价值创造意识、担当意识、诚信意识、前瞻意识和风险意识等。

创业思维主要包括用户思维、需求导向思维、利他思维、底线思维、批判思维、跨界思维、共赢思维和设计集成思维等。

创业精神主要包括创新精神、艰苦奋斗精神、坚韧不拔精神、团队合作精神、奉献社会精神和追求卓越精神等。

创业品质主要包括忠诚、格局、乐观、毅力、国际视野等。

创业素质能力主要包括学习力、领导力、资源整合力、沟通力、自律力、挫折承受力和企业创造力等。

（此文写于 2021 年 10 月 22 日）

大学生创新创业基地建设的主线逻辑

在国家创新驱动发展战略的指引下，“大众创业、万众创新”正在全国各条战线如火如荼展开，大学生创新创业基地建设是其中的一个亮点。

近年来，笔者有幸参加了湖北省人力资源和社会保障厅组织的大学生创业孵化示范基地评审活动、湖北省教育厅组织的高校创业示范基地评审活动，这两项活动共考察评审了 70 多个湖北省各类大学生创新创业基地。调研评审后，笔者对大学生创新创业基地建设的主线逻辑进行了总结梳理。

一、大学生创新创业基地建设的人才培养发展逻辑

这条大学生创新创业基地建设主线逻辑由高等学校主导（如图 21 所示），该逻辑的关键节点有：

1. 大学生能力素质训练基地

这条逻辑的起点是高校的各类学生能力素质训练基地、创新基地以及实

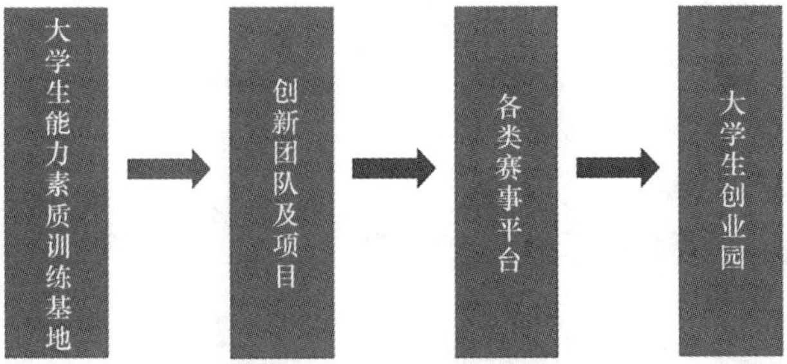

图 21　人才培养发展逻辑

验室(以下简称“能力素质训练基地”)。高校都建设了各种类型的能力素质训练基地，学生按照学校专业人才培养的课程体系或第二课堂的课程安排，在各类能力素质训练基地完成教学计划的训练内容。

2. 创新项目及团队

学生在完成相应课程的教学任务后，他们会组建不同的团队(或小组)，完成相应的课程学习任务，在此过程中就会有一些课程学习任务转化为创新项目。学生会以项目式学习方式接受创新能力素质训练，并会产生创新的作品或制订解决方案。

3. 各类赛事平台

当学生团队完成一定的创新项目任务后，他们就会很有成就感，并不断完善项目。当项目有一定的成熟度后，在老师的引导或学生自主参与的情况下，团队就会拿着有一定成熟度的项目成果参加各类赛事平台组织的各类赛事活动，通过赛事活动对创新项目的方案及成果进行反复的修改完善，一些团队和项目可以更接近创业准备阶段。

4. 大学生创业园

这样对创新项目进行反复打磨，对于某些有市场需求的项目，其实就是创业项目落地的第一阶段——创业准备阶段，这样，少数有市场需求的项目和团队就会成为创业团队和初创企业，从而进入学校的大学生创业园或孵化器，进行初步创业并接受学校专业机构的创业辅导和孵化。

这条人才培养发展逻辑主线符合高校的教学规律、人才培养规律和大学生成长规律，也适应目前高校人才培养的实际情况，因而是当前高校创新创业基地建设的一种逻辑。

二、大学生创新创业基地建设的“企业发展成长逻辑”

这条大学生创新创业基地建设主线逻辑由少数高等学校、专业孵化器、大学科技园等机构共同形成(如图22所示)，该逻辑的关键节点有：

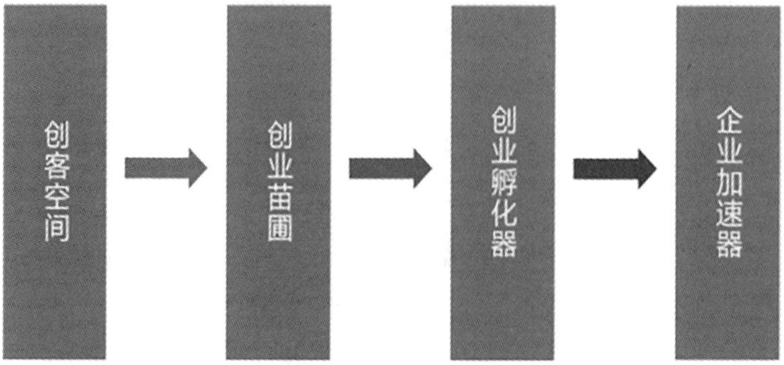

图22 企业发展成果逻辑

1. 创客空间

这条逻辑的起点是创客空间，各类创新者在创客空间进行各种创新活动。创客们脑洞大开，相互交流讨论，展示无限的创意想象空间，然后把各种创意想法变成某种样品、产品或解决方案，最终形成创新的成果。

2. 创业苗圃

一些有市场需求的创客成果进入创业苗圃，开始创业团队搭建、创业项目选择、创业方案设计及市场化预演等活动，开展创业的前期准备工作。这个时期的准备方案越详细、越真实，后期开始真实创业的风险就会越小。

3. 创业孵化器

经过前期的创业准备，一些初创团队开始进行公司注册和创业项目落地，并入驻创业孵化器，开始初创公司运营，接受创业孵化器的各类初创企业服务。

4. 企业加速器

经过一定时期的创业孵化，一些初创企业存活下来了。为了有更好的发展，初创企业会进入企业加速器。企业加速器为初创企业提供创业发展、法律、金融、投融资等更加专业化的服务，促进初创企业健康成长。

这条企业发展成长逻辑顺应了企业成长发展的阶段性规律，体现了创新与创业之间的逻辑关系，因而成为少数高等学校、专业孵化器和科技园等机构创新创业基地建设比较主流的一种逻辑。

三、大学生创新创业基地建设的“产业发展生态逻辑”

构建“产业发展生态逻辑”，对孵化器机构至少有这样几方面要求：有一定数量的相同行业产业的企业，这些企业之间能够构成产业发展的上、中、下游业务关系，有一定数量的产业生态创业孵化专业工作人员，有具备该行业产业丰富指导经验的创业导师，有整合产业资源和行业协会资源的专业机构负责人，有能够满足行业企业生产与发展需要的硬件设施条件。

因此，产业发展生态主线主要由少数专业孵化器企业和科技园企业主导（如图 23 所示），该逻辑的关键节点有：

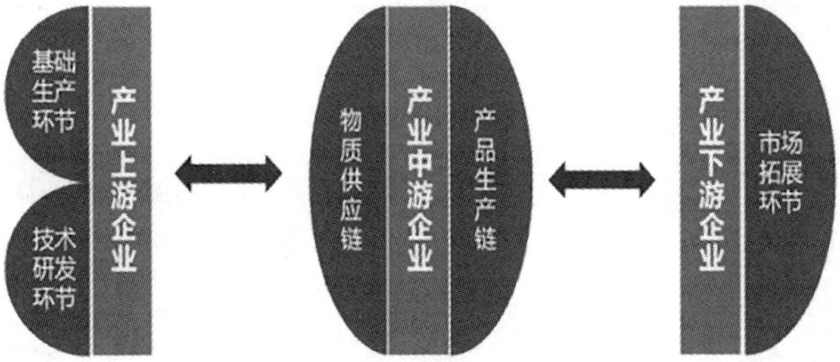

图 23　产业发展生态逻辑

1. 产业上游企业

孵化器机构通过引进一些具有某行业产业技术的研发企业和机构，引进一些具有从事行业产业基础生产环节的企业，从而成为该行业产业的上游企业。

2. 产业中游企业

孵化器机构通过引进一些具有某行业产业的产品生产链企业，以及一批为产业产品生产服务与配套的物质供应链企业、物流类企业和配件配套企业，从而成为该行业产业的中游企业。

3. 产业下游企业

孵化器机构通过引进一些某行业产业市场拓展环节的企业，为行业产业企业建立市场渠道和销售基地，从而成为该行业产业的下游企业。

产业发展生态逻辑主线的构建，主要在于在孵企业之间能够形成产业的上中下游关系，互相形成客户资源，从而为在孵企业打开市场销售渠道，降低生产成本，提高生产效率。在这个逻辑中，特别要通过大企业带动小企业，为产业企业发展构建一个良性发展的产业生态环境。

产业发展生态逻辑主线，以产业发展为纽带，整合聚集了全产业链的相关企业，构建了一个完整的产业发展生态，为在孵企业的发展提供了良好的外生态环境，有利于促进在孵企业的成长发展。

四、大学生创新创业基地建设的“建设主体经济性质逻辑”

前面三条建设逻辑各有各自的特色和做法，有的遵循创新创业人才成长规律，有的遵循企业生成与发展规律，但它们的共同点是从创新创业基地建设内容出发的。

有内容必有形式，事物都是形式与内容的有机统一。如果我们从大学生创新创业基地建设主体的经济性质来分析，就是以形式的思维方式来进行总结梳理。

大学生创新创业基地建设主线的“建设主体经济性质逻辑”模式如图24所示。

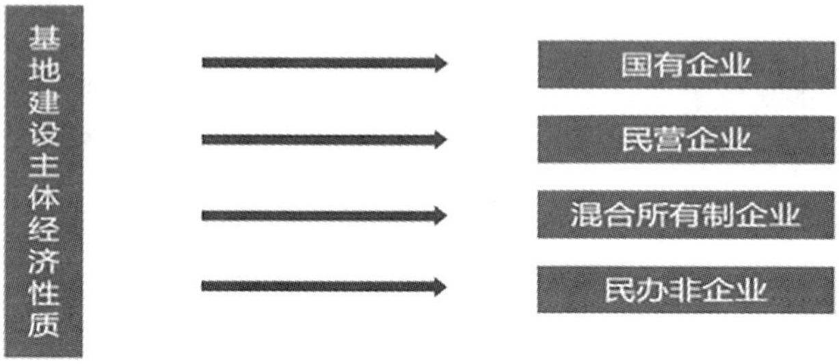

图24　建设主体经济性质逻辑

1. 建设主体的第一种经济性质形式是全资国有企业

由全资国有企业运营的孵化器机构的优势是管理比较规范，场地、资金等要素健全，社会责任感较强。但受编制的影响，人员配备不到位，专业性有待进一步提高，服务理念与质量需要进一步提升，市场化服务意识不强，管理机制需要大胆创新。

2. 建设主体的第二种经济性质形式是全资民营企业

全资民营创业孵化机构的优势是机制灵活，市场化服务意识较强，人员配备比较到位，服务专业化水平较高。但少数民营孵化机构需提升管理的规范性，增强社会责任感。

3. 建设主体的第三种经济性质形式是国有企业和民营企业设立的混合所有制企业

这种经济性质形式的孵化机构能够在一定程度上扬所长、避所短，但也不是具有绝对优势。由于股权结构不同，这种孵化机构经营团队的素质、能力不同，其孵化质量、效果差异也很大。

4. 建设主体的第四种经济性质形式是民办非企业

民办非企业属于非营利性机构。这种孵化机构的运营主体主要存在于公办高校，主要是解决公办高校目前不能成立企业运营主体的问题。民办非企业注册是在地方民政局，而不是市场主体注册管理机构。这种形式的运营主体既能发挥高校的优势，又能体现出机制的灵活性，对高校创新创业基地建设具有积极促进作用。

上述四种经济性质的运营主体，各有优势，也各有劣势，可在创新创业基地建设中相互学习借鉴。大学生创新创业基地建设，不管是形式建设还是内容建设，都任重道远，需要大家提高工作站位，提升工作理念，强化服务意识，提高服务水平，促进大学生创新创业，促进国民经济砥砺前行！

（此文写于2021年11月12日）

构建以学生为中心的专业课程体系

构建适应社会及行业产业需求的高校专业人才培养方案，是当前深化高校人才培养改革的重要内容。但很多高校在专业人才培养方案重新修订过程中，并没有真正以学生发展为中心，没有从体现“差异性、能动性、创新性”三性互融的人才培养理念上、从人才成长的辩证逻辑关系上进行彻底改革。高校专业人才培养方案主要由培养目标、培养规格、办学层次、办学形式、学制、课程体系、毕业要求等方面构成。在此，笔者就如何构建以学生为中心的专业课程体系提出个人的一孔之见，欢迎大家交流讨论、批评指正。

一、目前专业课程体系存在的主要问题

（一）目前专业人才培养方案中的课程体系设计没有体现以学生成长发展为中心

专业构成的三个主要要素中，除了专业培养目标、专业课程体系外，还有一个要素就是专业中的人。专业中的人既包括教知识的教师，还包括学知识的学生。实现专业培养目标的主体是学习专业的大学生，课程体系知识的接受者也是学习专业的大学生。当前专业课程体系以知识构建为中心，忽视了怎样激发大学生成才发展的能动性、大学生专业学习的能动性及就业创业的能动性，没有体现以学生成长发展为中心，而是把重点放在了对学科知识的选择和各门课程知识的先后逻辑关系上。高校应该设计引导和激发大学生能动性的课程体系。

（二）目前专业人才培养方案中的课程体系缺少对行业企业职业专业认知的课程模块

专业培养的目的是为相对应的行业产业培养专门人才，大学生修完全部课程后要到相应行业产业去就业。绝大多数大学生在进行某个专业学习时，并不知道这个专业对应行业的国家产业政策、金融政策，并不知道这个专业对应行业的产业链关系和上中下游企业的商业模式，并不知道学习这个专业后有哪些职业发展通道和路径，更不知道这个行业的发展沿革和未来发展方向。现实表现为很多大学生专业学习困惑多，有的甚至有专业厌学情绪。虽然现在设置了专业导论课程，但受课程内容、师资结构等因素影响，并没有达到设置专业导论课程的目的。一些应用型大学虽然采取了“3＋1”培养方案，最后一年的课程是让学生顶岗实习，培养实操技能。但许多高校在实施执行“3＋1”培养方案时并未把一年实习的内容课程化，效果也不尽如人意，专业课程体系中缺少了对行业职业专业认知的课程模块。

（三）目前专业人才培养方案中的课程体系设计没有真正尊重学生个性特质

尊重学生个性特质、因材施教、分类培养是教育最基本的理念，每个教育管理者和工作者都耳熟能详。从目前专业培养方案中的培养目标来看，要么是研究型人才，要么是应用型人才。由于每个学生的职业特质不同，学完同一个专业后，其未来职业发展具有很大的差异性：有搞管理的、技术的、工程的、营销的、售后服务的，还有创业的。目前的专业课程体系只是设置了少许个性化选修学分课程或一些大模块的差异化课程，没有真正尊重学生个性化职业特质。

（四）目前专业课程体系中的课程设置与课程内容严重滞后于行业产业实际需求

高校都在不断推进高等教育改革创新，不断更新制订适应社会（或行业产业）需求的专业人才培养方案。由于行业产业发展速度远远快于高等教育教学改革速度，加之技术的发展，很多产业出现了许多新的分支产业，再加上绝大多数高校教师是从校门到校门，严重缺乏行业产业实践经验，所以，高校专业课程设置及其具体内容严重滞后于产业发展现状。

二、如何构建高校专业课程体系

针对上述问题，根据本人从事大学生涯教育和创新创业教育的多年实践经验与实践探索，下面提出一个构建以学生发展为中心的专业课程体系的解决思路(见表3，黑色字体部分为增加课程模块)，供大家交流讨论。

表3 专业课程体系结构

课程模块	课程类别(性质)	培养能力
公共通识基础课	通识类课程	通识能力
	大学生主体性引导与激发类课程	**成长内驱动力**
专业基础课	**职业环境探索类课程**	**专业学习内驱动力和方法能力**
	素质类课程	社会能力
	领域基础理论类课程	领域技术能力
专业课	专业技术类课程	技术研发能力
	产品设计生产制造类课程	工程设计能力
	产品企业实践类课程	**技术应用能力**
	毕业设计课程	**职业发展方向综合能力**

(一)增加激发大学生能动性课程模块

原来在构建传统专业课程体系时，侧重关注了学科知识选择以及知识学习的先后顺序和逻辑关系，没有关注学习专业的人，那时处于精英化高等教育时代，学习者有着很强的能动性。现在的高等教育进入普及化时代，普及化时代的一个重要特征就是学生能动性缺失十分严重。构建当前专业课程体系时，在公共通识课程板块中，要增加激发大学生能动性课程。通过开设大学生涯规划基础这一课程，唤醒大学生涯发展意识，让学生了解个人职业特质和职业环境后，清晰自己未来职业发展方向，从而确定大学生涯发展目标(就业、升学、创业)；结合专业学习对大学生涯做出科学规划，大学发展目标越清晰，越符合自身实际，学生成长发展的内驱力越强。大学生涯规划(而不是职业规划)做得越实际，执行力越强。通过开设大学生创新创业教育基础这一课程，培养大学生的科学家精神、工匠精神、企业家精神。通过道术结合，既可进行价值观引导，又可进行上述三种精神培养，还传授专创融合的理念与方法，从而培养大学生终身受益的价值观和职业精神。

(二)增加行业认知与实践课程模块并前置实施

传统的专业课程体系在行业认知与实践课程模块方面，虽然也有安排，但大都是参观实习或放任学生自由参与。一是对行业职业认知与实践课程太少；二是对行业职业认知与实践的内容课程化不够，三是对行业职业认知与实践课程安排在学习全部专业课程之后，四是对行业职业认知与实践课程在教学组织与管理方面的工作不到位。本人认为，应将行业职业认知与实践课程板块前置在第1～第3学期，行业职业认知与实践课程也是专业基础课的重要组成部分。学生不仅要学习为学好专业课程准备的其他学科专业基础课，还要对本行业的国家宏观产业政策(包括金融政策)，行业发展沿革与未来发展方向，行业产业链生态，行业技术、工艺与设备现状，行业的企业组织构架，员工在行业企业的职业发展通道，行业的不同主要岗位的能力建设标准等知识进行认知学习和实践学习。这样前置行业职业认知与实践课程，一是可让学生先认知行业与职业，对行业产业有一个初步的感性认识，学习专业课程时更容易理解掌握知识；二是可让学生先认知行业与职业，了解行业能解决的社会问题和可创造的价值，提高学生对专业学习的兴趣和内驱动力；三是通过行业职业认知与实践，学生对行业职业专业有一个初步的认知理解，了解自己的未来职业发展方向，清楚了自己的能力差距，从而明确自己的大学生涯发展目标，制订并实施大学生涯规划。

(三)增加尊重学生不同职业特质的职业发展方向课程

由于学生个体职业特质的差异性，学习同一专业后，不同职业特质学生的职业发展路径和结果可能完全不同。传统专业课程体系中的课程设置没有尊重学生职业特质的差异性，没有以学生为本，没有以学生发展为中心。因此，在专业课程体系的专业课程板块中，应该针对学生不同职业特质，增加分类培养课程模块，开设管理、技术、工程(生产制造)、营销、售后、创业等不同职业发展方向的个性化课程模块，由学生根据自己的职业特质和兴趣进行选择。

(四)以产业学院为载体实施“产业企业实践课程”

目前，高校都在推进产业学院建设。产业学院建设中，最核心的问题是要直面行业产业真实需求、真实问题，让学生扮演产业真实职业角色，用行业产业真实场景、真实过程实施“产业应用能力”的培养目标。就像临床医学专业的学生，专业课程都是临床医院学习完成。产业学院建设的另一项任务，就是要整合行业协会资源、行业企业资源，共同制订专业人才培养方案、建设师资队伍。所以，高校专业课程体系的构建，离不开行业协会和行业头部企业参与，离不开产业师资参与。高校要以产业学院建设为抓手，构建并实施以学生为中心的高校专业课程体系。

（此文写于2021年11月19日）

关于高校产业学院建设的几点认识

随着高等教育改革的不断深化，产业学院建设成为高校深化人才培养改革的一个重要抓手。高校产业学院建设工作应该怎样谋划和实施，这是笔者近一段时间在工作中重点思考和推进的一项工作，在此和大家交流一下笔者对产业学院建设的一些理解与认识。

一、高校为什么要推进产业学院建设

从高校自身发展因素来看，高等教育存在的问题较多，最主要的表现在以下三个方面：一是人才培养理念问题，二是专业课程内容滞后于行业产业现实需求，三是高校专业教师缺乏行业产业实践经验(图 25)。国学思维告诉我们，道生一，一生二，二生三，三生万物。由上述三个问题引出了高等教育的一系列问题，如管理体制问题、工作机制问题、队伍建设问题、学科专业建设问题、评价导向问题……如何解决这些问题？多年以来，高等学校不断进行改革探索，尝试了多种方法。这些改革创新的方法在某些方面或多或少有一些效果和作用，但始终没有解决根本性问题，造成这个结果的原因有多个。个人认为，其中一个重要原因是，这些改革措施没有坚持系统论思维，有的是从点、有的是从线、有的是从面来解决问题，改革措施缺乏系统性、立体性和生态性，因而没有从根本上解决高等学校的基础性问题。

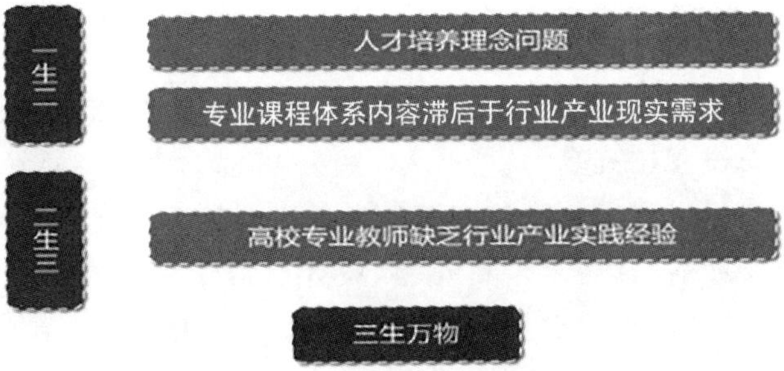

图 25　高等教育的基础性问题

产业学院建设就是在高等教育改革中不断探索的一种新思维、新载体、新方法、新途径。期望通过产业学院建设，从理念上、内容上、方法上实现“教、学、做”的三位一体，实现理论与实践的有机结合，实现高校与产业的有机结合，实现学科与专业的融合发展，实现学生就业能力与行业职业能力的有效适应，从而形成高等学校人才培养的生态体系。

二、产业学院的定位

产业学院的定位可以从以下几方面来考虑：

产业学院是学校人才培养实体教学单位。产业学院不是学校机关职能部门，也不是直属单位，而是教学实体单位，这是最基本的定位。这种定位就决定了产业学院要按教学实体单位进行组织构架、职能设置、运行管理和评价考核。

产业学院是学校人才培养改革的“试验田”。既然是学校人才培养改革的试验田，就应该是学校学科建设、专业建设、课程建设和人才培养模式改革的试验田。既然是试验田，就要大胆进行体制机制改革创新，要允许犯错，要大胆试错，要勇于改错。

产业学院是学校科技成果开发转化“先行区”。产业学院的科技研发应该面向产业发展需求，注重解决企业真实问题；应该主动把科研成果面向产业企业进行转化，要和产业企业共同进行技术研发和技术攻关，从而促进行业产业的技术进步和发展。

产业学院是学校服务地方经济发展、促进产业发展“新载体”。产业学院建设一定要和产业企业发展深度合作、深度融合，一定要和地方产业经济发展相结合，一定要深度服务地方产业经济发展，促进地方产业经济发展。

从总体来说，产业学院建设是学校突破传统路径依赖、实现“变轨超车”的重要途径。

三、产业学院的主要特征

产业学院的主要特征，集中体现在五个方面，即真需求、真问题、真角色、真场景、真过程(“五真”)。

产业学院建设过程中，高校在制订专业人才培养方案时，要面向学生发展和行业产业发展的“真需求”“真问题”设计课程体系，要面向行业产业“真需求”“真问题”进行课程建设、教材建设和师资队伍建设。在教学组织管理工作中，要让学生担当行业产业的“真角色”，让学生在行业产业的“真场景”“真过程”中学习和实践。

医学院校的临床医学院建设模式就是最早的产业学院。产业学院的“五真”特征在医学院校的临床医学院表现得十分明显。所以，高校产业学院建设要借鉴医学院校临床医学院建设的理念和方法。个人认为，临床医学院就是高校产业学院建设最现实的案例。

四、产业学院与实验室的主要区别

既然每所高校都建设有不同学科的专业门类实验室，为什么还要建设产业学院呢？个人认为，产业学院与实验室虽然有一些共同点，但两者在作用、范围及建设目的等方面完全不同，其区别主要表现在以下几方面。

作用不同。高校实验室主要是研究某领域事物的共性规律，形成知识和理论，或用已知理论进行模拟试验，培养学生某方面的专业能力；产业学院是用“五真”来全面培养学生的能力、素质。

范围不同。实验室是聚焦某领域的某个方面(或点)；产业学院是聚焦整体人才培养工作，具有系统性和体系性。

建设目的不同。实验室的活动虽然也培养学生的某种能力素质，但重点关注事物的规律研究与验证，是以解决“事”为核心；产业学院重点关注人的培养，以“人”为核心。

五、产业学院建设中如何引入行业的头部或重点企业参与

高校产业学院建设中，为什么要引入行业产业的头部或重点企业参与呢？因为专业对应行业产业的头部或重点企业，有行业最先进的设备、工艺，有最先进的技术和管理，有最优秀的产业人才和产业导师。学生在这样的产业场景里学习，见多识广，名师能出高徒。

作为行业的头部或重点企业，它为什么愿意参与到高校产业学院的建设？企业是营利机构，如果行业头部或重点企业参与高校产业学院合作建设，有价值和贡献，合作才能长久。

从医学院校的临床医学院与大医院合作建设的案例中，我们就可以知道如何引入行业头部或重点企业了。本人对某“985”高校医学部与某三甲医院合作建设的临床医学院进行的调研发现，这家三甲医院与该“985”高校医学部在临床医学院合作建设中，至少有四个方面的价值和贡献。

(1)该三甲医院每年可获得医学部支付的每生每年实习学费 12000 元左右。

(2)该三甲医院可以用一批实习生免费帮助医生做一些医务助理工作，可节省不少运行成本。

(3)该三甲医院可以从实习生中招收能力强、水平高的高才生，为医院发展引进高水平医学人才。

(4)该三甲医院已评为医疗行业正高职称的医生，可转评该“985”高校教授职称，还可以申报国家级和教育部的重点课题，从而提升医院的学术和医

疗水平。

从医学院校与大医院合作建设临床医学院的案例中，我们可以看出，在产业学院建设中，可考虑通过合作建设方式来引入行业的头部或重点企业参与。

六、普通企业参与合作如何保证产业学院建设质量

产业学院建设中，能找到行业头部或重点企业是最理想的。在现实中，受多方面影响，可能很多普通高校只寻找到行业的普通企业进行产业学院建设合作。因为企业是行业的普通企业，学生在产业学院学习中接触的并不是最先进的设备、工艺、技术、管理及导师。在此情况下，产业学院建设如何保证培养质量？

本人认为，解决此问题的方法是：积极参加各级政府部门组织的各类技能培训和技能赛事活动；对标行业最先进的职业能力标准体系，进行课程设置、课程建设、教材建设和师资队伍建设，以此开展学生职业能力培养，从而保证产业学院的人才培养质量。

七、产业学院建设中的难点、重点和关键点

究竟什么是产业学院建设中的难点、重点和关键点？资源不同、职位不同、站位不同、经历不同，其观点也不尽相同，仁者见仁，智者见智，难点、重点和关键点三者之间也不容易划分。以下是本人的一孔之见。

（一）产业学院建设的难点

个人认为，该难点主要表现在以下三个方面：一是正确的人才培养理念的形成。理念是对事物的本质把握和规律认识，理念是工作的先导。对新时代人才培养理念的把握是一件很难的事。二是人才培养模式的突破。多年形成的传统人才培养模式已根深蒂固，要突破涉及面广、触动者多。三是学生能动性的引导和激发。学生学习成长能动性的引导和激发是最重要的教育，也是最难的教育，只有把学生的能动性激发出来，才能解决教育中最根本的问题。

（二）产业学院建设的重点

首先是专业人才培养方案的重构，结合产业现实需求，和产业权威人士一起共同制订专业培养方案，这是产业学院建设的重中之重；其次是工作体系和各种机制建设，包括教学管理制度、学生管理制度、奖惩制度、校企合作机制、科技成果转化机制、职称评审制度和质量评价制度等；最后是师资

队伍的建设，要调动广大专业教师参与产业学院建设的积极性，培养“双师型”师资，引进产业师资等。

（三）产业学院建设的关键点

第一点是产业学院院长的选配。产业学院的院长一定要有较先进的教育理念，有一定的行业产业经历，资源整合能力强，创新能力强。第二点是行业资源和企业资源的整合和引进。第三点是抓落实。再好的方案没有强有力的落实也是空的，抓落实是关键中的关键。

八、产业学院建设的主要内容

产业学院建设主要包括以下内容：高校要和行业协会、产业企业共同根据产业需要设置专业并确定人才培养目标；共同制订专业人才培养方案和专业课程体系；共同进行专业基础课、行业认知课和专业课的内容建设；共同建设学校师资队伍和产业师资队伍；共同进行产业企业的技术研发和技术攻关；对标行业产业职业能力需求标准，共同制订人才培养质量评价标准；共同建设大学生实习实训实践基地。

九、怎样评价产业学院

产业学院建设的评价维度和评价指标可以引导产业学院建设的发展方向。产业学院的评价要有准确的维度和量化的指标，可以从以下几个方面对其进行评价。

在人才培养过程方面，要重点评价专业课程体系与行业产业的紧密度和适应性，评价校企合作编写教材和讲义的数量和质量，评价教学过程产业场景的真实度，评价学生参加行业实习实践的学分数、学时数。

在人才培养效果方面，要重点评价学生参加各类赛事活动的获奖数量、质量，以及学生获得国家技能证书的数量，更要评价学生就业薪酬、就业满意度和用人单位对毕业生使用的满意度。

在科学研究与社会服务方面，注重评价与企业合作开展横向课题研究的大额项目数量，评价与产业合作开展技术研发获奖的数量与质量，评价为产业企业提供社会服务项目的数量与质量。

在学术平台和育人平台建设方面，要评价产学研合作平台的数量与质量，评价政府部门认可的职业能力培训平台的数量与质量，评价与产业企业合作建设的大学生实习实践平台的数量与质量。

在师资队伍建设方面，要评价双师型教师的数量与质量，评价产业师资的数量与质量，评价学术带头人在产业界的认可度和权威性，评价教师职称晋升中教师解决产业问题的能力。

在国际化方面，要评价国际合作对象的数量与质量，评价产业学院在国际上的地位与影响。

在治理能力方面，评价产业学院主要负责人的治理能力，要把产业学院学生对产业学院建设的满意度作为治理能力的评价指标。评价产业学院制度的规范性和执行力，评价产业学院的团队管理能力。

（此文写于 2021 年 12 月 10 日）

创业结果规律

如果你去创业，结果会怎么样？是成功，还是失败？经营的企业是小规模，还是大规模？创业是小有成就，还是为社会做出了重大贡献？每个创业者的创业结果会不尽相同。那么，这种创业结果的差别是由什么因素决定的呢？下面谈谈创业结果规律。

一、创业结果规律的函数形式

为方便大家直观理解创业结果规律，本文用以下函数形式来展示。特别说明一下，使用函数形式，主要是便于直观理解，方便记忆，并不是说明 Q 和（A、B）之间只有函数的逻辑，准确地说只是一种模式而已。

创业结果规律的函数形式如下：

$$R=Q(A，B)$$

其中，R 代表创业的结果，Q 代表创业者素质能力系统，A、B 分别代表创业过程中各种有形和无形的要素或资源，如资源、团队、项目、技术、场地、资金、政策等。Q 和（A，B）是什么关系呢？我们可以从以下两个方面来理解。

如果从唯物辩证法来理解，Q 是指影响创业结果的内因，A、B 是指影响创业结果的外因。因此，A、B 是影响创业结果的条件因素，Q 是影响创业结果的根本性因素。

创业现实活动中，很多人创业失败了，往往会认为是团队、场地、资金、政策等外因的问题，而不去找自身素质能力的问题。

如果从国学思维的角度来理解，Q 是阴，是隐藏在创业活动内的事物，是本质的东西；A、B 是阳，是显现在创业活动外部的事物，是条件因素。

创业结果规律告诉我们：创业结果是创业者个人的创业素质能力和创业

过程中各种有形和无形的要素或资源共同作用的结果。其中，创业过程中的各种要素或资源是影响创业结果的条件因素，创业者个人的创业素质能力是影响创业结果的决定性、根本性因素。

二、创业者能力素质系统的内涵

创业者能力素质系统(Q)包括五个方面：创业者的创业潜质或特质、创业者的领袖素质、创业者的商业素质、创业者对创业项目所属行业的深度认知与经验积累、创业者对创业项目把控运作的能力。构建创业者能力素质系统模型如图 26 所示。

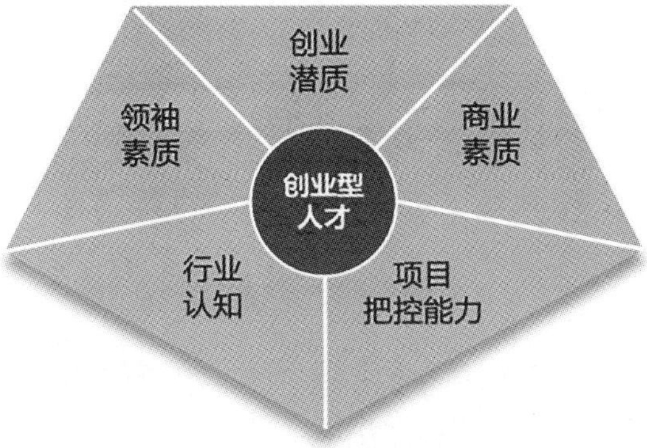

图 26　创业者能力素质系统(Q)模型

(一)创业潜质或特质

家庭与成长环境等因素影响形成了创业者的个人创业潜质或特质，这种潜质或特质对创业结果有着很大的影响，创业潜质或特质与创业结果呈正相关。所以，发现、选拔具有创业潜质或特质的学生，是创业教育最基础的问题。

(二)创业者的领袖素质

创业就是一群人共同干事业，创业者要带领创业团队取得创业的成功，就需要创业者在团队中发挥领袖作用。创业者必须具备领袖素质，如格局、情怀、战略思维、领导力、资源整合力等。

(三)创业者的商业素质

创业者需要具有独特的商业敏感性，善于从社会需求中及时发现和捕获创业商机；必须诚实守信，对事物充满激情，这些都是创业者的商业素养。

(四)创业者对创业项目所属行业的认知与经验积累

创业者对选择的创业项目所属行业事先没有充分的认知，没有积累较丰富的行业经验，这样的创业是非常容易失败的。即使是已有创业经验的创业者，跨行创业的风险也是非常大的。对创业项目所属行业的深度认知和经验积累，是创业者创业项目实施之前必做的功课。

(五)创业者对创业项目的把控能力

创业过程中有太多的不确定性，能否在诸多不确定性中使创业项目向创业目标发展，取决于创业者的综合把控能力。创业者只有具备这种综合把控能力，才能以不变应万变，解决创业过程中遇到的各种困难和问题，带领创业团队走向成功。

三、创业结果规律的启示与应用

(一)创业结果规律的启示

1. 创业结果是由创业过程中各种有形和无形的要素与创业者自身的素质能力决定的

其中，各种有形和无形的要素是取得创业成功的外在因素，创业者自身的素质能力是取得创业成功的内在因素。两者不可或缺，但创业者自身的创业素质能力是起决定性、根本性作用的因素。再优质的创业因素，没有优秀的创业素质能力，也不能取得创业的成功。

2. 要对创业项目所属行业进行深度认知和经验积累

创业者在准备创业前，要对所属行业进行深入调研，了解此行业国家的宏观产业政策(包括金融政策)，了解行业的技术发展状况和技术成熟度，了解行业的历史沿革和未来发展趋势，了解行业的上中下游产业链及其关系，了解行业的商业模式，了解行业的人力资源状况，要积累行业的经验与人脉资源……深入所属行业中实习实践，最好是先在行业的相关企业干几年。这方面的功课做得越扎实，创业所面临的风险越小。

3. 创业者要把提升自己的创业素质能力放在首位

既然创业素质能力是影响创业成功的关键因素，那么创业者先要提升自己的创业素质能力。创业素质能力既有潜在的独特性，更有后天性，创业素质能力是可以通过学习提升的。创业素质能力的提升，既可以通过理论学习获得，也可以通过创业实践学习获得。创业实践是最好的学习方式，也是创业素质能力提升的最优途径。创业失败后，创业者要复盘分析失败的原因，也要找创业资源要素方面的原因，更要从自身素质能力找原因，从而找到问题的关键。

(二)创业结果规律在高校创业教育中的应用

1. 创业教育成为可教可学的教育工作

创业结果规律告诉我们，创业结果产生的决定性因素是创业者的创业素质能力。这充分说明了创业素质能力在创业过程中的重要性。创业素质能力主要源于后天的学习历练，特别是创业项目实践活动的学习历练。这就说明了创业是一种可教可学的社会实践活动，创业教育成为可教可学的教育工作。

创业虽然是一种可教可学的社会实践活动，但高校是培养不了企业家的。一个创业者最终能否成为企业家，是创业者自身在创业实践中努力拼搏的结果。大学的创业教育只是创业者创业成功的诸多外因条件之一，这说明了高校创业教育的重点是创业素质能力培养。创业者在大学期间接受创业教育的作用有两个方面：一是通过创业教育与创业实践可以提升自己的创业素质能力；二是创业者通过创业教育可以学习掌握创业的一些规律，可以在创业实践中少犯错误，从而避免创业风险。但如果一个人学习掌握了一些创业规律就能成功的话，那创业就是太简单的一件事了。创业过程存在不确定性，而掌控创业中的不确定性，就要靠创业素质、能力了。

2. 创业管理专业成为高校本科专业

既然创业是一种可教可学的社会实践活动，高校就可以进行本科、专升本、双学位、创业精英班、创业训练营等形式的教育。高校为什么可以进行这些多种形式的教育呢？创业结果规律告诉我们，创业者是有创业潜质或特质的。这说明在每届学生中，总有一些学生是具有创业潜质或特质的，传统教育忽视了这些特质学生的需求，没有给他们选择学习创业的机会。现在，高校开设创业管理本科专业，就是为了真正践行因材施教的教育理念，给具有创业潜质或特质的学生一个选择的机会。

从 2010 级开始，本人在武汉理工大学探索了创业管理双学位教育(50 学分)，在 2017 级学生中探索了创业管理本科教育(150 学分)，当时将工商管理专业作为探索专业，教育部并没有批准创业管理本科专业，直到 2021 年 3 月，教育部才正式下文，批准开设创业管理本科专业。

3. 创业结果规律成为创业管理专业培养方案课程体系制定的理论基础

依据上述创业结果规律，我们在 2017 级新生入学报到后，面向全校新生挑选具有创业潜质或特质的学生：在学生自愿报名的前提下，对报名学生进行创业特质测评，后在 2018 级进行了自主招生探索。

依据创业结果规律，我们在构建 2017 级工商管理(创业管理方向)本科专业课程体系时，把专业基础课程模块分设出领袖素质类和商业素质类两方面的课程，在专业课程模块中设置了行业认知类课程和创业项目把控运作类课程。

（此文写于 2021 年 12 月 17 日）

创业过程与创业者成长规律

创业是创业者用商业的方式解决社会某种需求问题、成就一番事业的过程。创业的过程也是创业者个人不断成长的过程。

创业者在成长过程中的基本矛盾是什么？创业者的成长过程有何基本特征？创业者在成长过程中有何共性规律？下面来谈谈这个话题。

一、创业过程的基本矛盾

创业结果规律告诉我们，创业的结果是由创业者的创业素质能力与创业过程中各种有形或无形要素共同产生的。其中，创业者的创业素质能力是内因，是根本因素；创业过程中各种有形或无形要素是外因，是条件因素。

一个创业者在未创业之前，他的创业素质能力是非常微弱的，有的甚至为零。要把一个创业项目做成功，对创业者的创业素质能力要求又非常高。只有高素质能力的创业者才有可能把一个创业项目做成功，因此创业者的创业素质能力非常重要。创业者的创业素质能力，必须在真实的创业场景中磨砺出来。

创业过程中存在的一对基本矛盾是创业项目对创业者素质能力的高要求与创业者素质能力滞后的矛盾(赵延忱)。创业者因为没有创业项目实践，其创业素质能力不高。创业过程的这一基本矛盾，既说明了创业者的创业素质能力主要来源于创业项目实践，也说明了创业项目的成功主要取决于创业者的创业素质能力。

二、创业成长过程的基本特征

第一，创业成功的需求多次性。从创业过程的基本矛盾来看，创业者在刚开始创业时，其创业素质能力是较弱的。所以，创业者在第一次创业时，由于创业素质能力比较弱，其创业项目的结果必然失败。但创业项目的失败，不等于创业的最终失败。正是因为多个创业项目的失败，才不断历练了创业者的创业素质能力。真正的创业者即使创业项目多次失败，都不会言败的。更何况，创业项目是失败了，但创业者从项目失败中学到和提升了不少知识和能力。正是因为创业项目的多次失败，才使创业者的创业素质能力不断增强，从而能适应创业项目对创业素质能力的高要求。

第二，创业发展的过程具有渐进性。从企业创办发展的阶段来看，有初创期、成长期和成熟期。任何事物的发展都是从小到大、从弱到强，具有渐进性。企业发展的过程也不例外，创业者的创业成长过程都是从初创期开始的。当认识到创业发展具有渐进性特征时，我们就要深刻认识企业初创期的规模、状态、环境，就要勇敢地面对创业初期的各种困难和问题。这时更不能用企业成长期或成熟期的思维、战略、战术来创业，而要充分认识和认清创业不同发展阶段的各种状态及其应对措施。

第三，创业成功的路径具有多样性。创业的初心、根本目的和逻辑起点是解决社会需求问题，而解决社会需求问题是创业过程永恒的主题。只要抓住这个创业过程的重中之重，创业的形式、内容、方法和途径就多样了。

从创业项目的行业选择来看，任何行业和领域都会有需求和问题，所以任何行业和领域都存在创业机会；从创业项目的产品形式来看，有硬件产品，有软件产品，还有服务性产品；从创业者个人的知识结构来看，创业者可以结合自己所学专业或职业岗位来创业，也可以在自己的非所学专业领域创业；从创业选择的方式来看，可以自主创业，也可以合伙创业，还可以先就业后创业；从创业者在创业过程中的社会角色来看，绝大多数人先成为生意人，再成为创业者，少数人最后能成为企业家。

三、创业者成长规律

创业结果规律是从事物的发展角度看创业过程，创业者成长规律则是从人的发展角度看创业过程。两个规律虽从不同的角度来研究创业过程的规律性问题，但其内涵具有相通的部分。

创业结果的决定性因素取决于创业者的创业素质能力，创业者的创业素质能力又主要来自社会实践，包括创业实践。从这个意义来讲，创业者成长规律是对创业结果规律的进一步挖掘与分析。

两个规律的核心内涵都指向创业者的创业素质能力系统(R)，创业结果规律强调了创业者的创业素质能力系统在创业过程中的重要性，创业者成长规律说明了创业者的创业素质能力源于创业实践。图 27 展现的是创业者素质能力系统增强曲线，由此可以得出创业者成长规律就是：在成长中创业，在创业中成长。

创业者的成长之路就是创业实践之路，创业者不可能在书本中成长，多个创业项目的历练是创业者成长的必经之路。每个想创业的伙伴都应该义无反顾地积极投入创业实践，在成长中创业，在创业中成长。

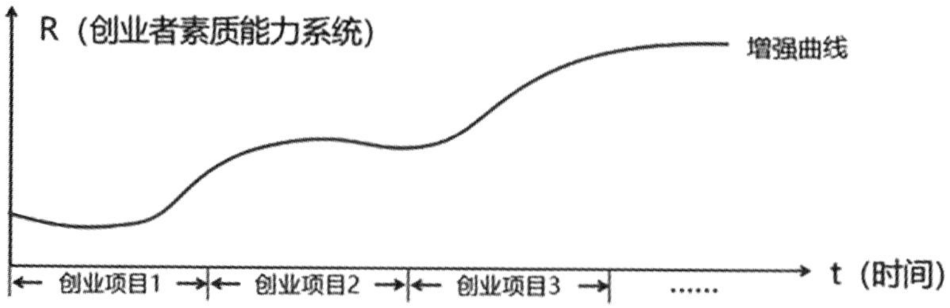

图 27　创业者素质能力系统增强曲线

（此文写于 2021 年 12 月 31 日）

企业生成规律

作为社会经济体系中的一个子系统，企业一般由五个基本要素构成：产品、人、财、物、信息。作为具有生命周期的组织或系统，企业是如何诞生的？创业者如何从无到有、从 0 到 1 去创办一家企业？企业创办过程中的共性规律就是企业生成规律。

一、创业过程的三个阶段

赵延忱在《创业学——基本原理与实践过程》一书中指出：创业以项目选择为起点，以企业诞生为终点，可分为按“选项—模拟—运转”顺序发生、先后承接的三个阶段。这三个阶段，是创业过程中不可颠倒、不可跳跃的。

（一）选项是创业过程的第一个阶段

选择创业项目就是创业者发展的方向性选择，是创业初期的战略决策，是创业启航之前必须做出的决定。选错了项目，后面都是无用之功。创业者的初心是解决社会某种需求问题，创业的逻辑起点也是解决社会某种需求问题。社会需求问题是创业项目选择的最基础最根本问题。如何从需求的性度、广度、频度和效度来定性分析社会需求，如何设计专业化需求调研问卷对社会需求进行定量分析，是项目选择必须做的功课。在认清认准需求之后，就要对项目的可行性进行梳理分析：项目的技术成熟度、人才状况、各种有形和无形资源是否具备或通过资源整合可具备，在此基础上对项目进行选择。

（二）模拟是创业过程的第二个阶段

模拟是以探索的方式完成对项目更高层次的理解，以实验的方式完成对项目可行性的确认，以建立小规模系统模型的方式，完成对项目要素综合的动态把握。模拟体现了创业者对市场不确定性的应对，也是提升创业能力的途径。离开模拟，创业行为就是纸上谈兵进入战场，这是非常危险的。创业者掌握模拟运行的方法，按照最小规模、最低成本的方法推演整个创业过程，对于创业成功率的提高是非常必要的。模拟的方法有功能测试法、要素综合法、逆向运作法等。

(三)运转是创业过程的第三个阶段

运转实现的标志是用销售收入补偿全部耗费，企业实现以自身造血功能为动力的市场化生存。运转是创业的第一目标，是解决一切问题的先决条件，也是企业生成的标志性成果。选项是在理解、把握、通透基础上对创业项目的选择；模拟是以产品功能为核心，对项目要素资源总体的把握；运转是以销售为核心，以创造企业成活的条件，为企业的诞生和发展奠定基础。企业进入运转阶段，初创企业的管理也就随之产生。

二、企业生成的主要环节

创业过程的三个阶段是从企业生成过程的周期角度来讲的，企业生成的主要环节则是从企业生成过程的内在逻辑来讲的。

职场中的任何职业活动都是由若干环节或阶段组成的，企业生成过程就是创业的过程。创业作为一种职业活动，其过程也可以分解为若干环节。企业从无到有、从 0 到 1 一般会有以下几个主要环节(图 28)。

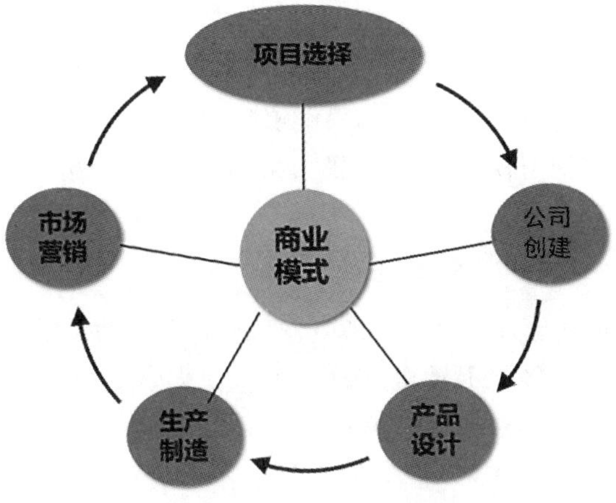

图 28　企业生成主要环节逻辑示意图

(一)第一个环节：项目选择

创业者在社会生活实践中发现了某种社会需求问题，并产生了强烈的社会责任感，然后选择用商业的方式去解决这个需求问题。通过对社会需求问题进行专业分析，并对自己已有或可以整合的资源进行梳理分析，对项目的社会价值、经济绩效等方面进行可行性分析，进而对创业项目进行战略决策。

（二）第二个环节：公司创建

创业项目确定后，接下来就要着手创建公司。如何选择有共同价值观、资源能力互补的人成为自己的合伙人？公司的股权结构如何设计？管理团队、产品团队和营销团队如何搭建？组织构架与管理制度、人员利益分配与激励，以及公司的名称、选址、章程、注册等，这些都是创建公司时创业者必须思考和解决的问题。

（三）第三个环节：产品设计

要想解决社会需求问题，就要设计一定功能的产品满足这种需求。实现这个产品功能的技术是什么？技术的成熟度如何？拥有这些技术的人在哪里？这些问题解决后，就要对产品进行梳理，是硬件产品、软件产品，还是服务性产品？再组织产品的研发，通过对产品进行不断测试和迭代，直至产品功能能够满足用户的需求，从而有效解决社会的需求问题。

（四）第四个环节：生产制造

创业者在考虑产品的生产制造这个问题时，要根据产品的性质、公司的资源与资金状况，选择是轻资产经营方式还是重资产经营方式。经营方式不同，产品生产制造的方案完全不同。自主生产就是重资产经营模式，它对场地、设备、技术、工艺、资金、人才都有一定的要求。前期生产投入成本较高，但产品生产制造过程可控，如果能有效管理，利润空间较大。委托其他企业加工是轻资产经营模式，前期投入成本较低，但生产制造过程不可控，利润空间受限。

（五）第五个环节：市场营销

初创企业的市场营销具有以下难点：产品型号单一、产品系列不完善、社会影响力小、营销渠道不健全、营销力量薄弱。要解决这些问题，可从以下四个方面着手：首先是拓客，通过建立市场渠道拓展客户；其次是获客，利用多种方式、途径获得客户；再次是黏客，就是要留住客户；最后是活客，就是让客户复购，使其成为回头客。

从国学的思维来看，任何一件完整的事物都包含了阴阳两个方面。企业生成的上述五个主要环节是企业生成的阳的方面，企业生成的阴的方面是指企业生成的商业模式。企业生成过程仅有五个环节是不够的，还要有与五个环节相对应的解决方案，即企业运营方案。运营方案加盈利方案就构成了企业创办初期的商业模式，企业生成的上述五个环节加上企业生成的商业模式是创办企业的主要内容。

三、企业生成的现实过程

前面分析企业生成的主要环节或过程，只是从企业生成的内容逻辑来讲的。在现实创业过程中，企业的生成过程并不是按照这个逻辑先后顺序来实现的。

根据前文介绍的创业过程理论，创业的第一个阶段是选项，即创业项目选择。在选项结束后，即进入创业的第二阶段——模拟，就是围绕着选择的项目，开始公司创建、产品设计、生产制造和市场营销等方案的设计、开发、测试和迭代，即企业生成的现实过程(图 29)。通过不断模拟，企业进入创业的第三阶段——运转。当企业的销售收入只能补偿部分耗费时，企业处于亏损运转状态；当企业的销售收入能够补偿全部企业耗费时，企业处于盈亏平衡运转状态；当企业的销售收入大于企业耗费时，企业实现了自身造血功能，处于盈利运转状态。

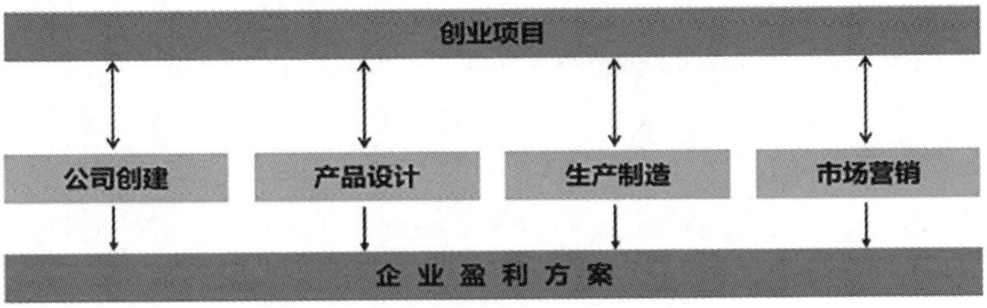

图 29　企业生成的现实过程示意图

在企业生成的五个环节中，每个环节都有一个解决方案，这五个环节的五个解决方案就构成了企业生成过程的运营方案。值得一提的是，公司创建、产品设计、生产制造、市场营销在创业过程的第二阶段即模拟阶段，是围绕着创业项目同时开始设计与模拟运行的，并不是按前面的企业生成主要环节逻辑来设计与模拟运行的，这才是企业生成的现实过程。

(此文写于 2022 年 1 月 14 日)

对商业模式的理解与认识

商业模式是影响企业创办、生存与发展的非常重要的因素和内容。企业在不同阶段、不同周期以及不同规模，其商业模式是不尽相同的。同一行业的不同企业，其商业模式也是有差异的。商业模式设计与执行的正确与否，直接影响企业的生存与发展。

一、什么是商业模式

模式是指科学研究中以图形或方程等方式阐释对象事物的一种方法。这种方法具有双重性质：一是模式与现实事物具有对应关系，不是对现实事物单纯的描述，具有某种程度的抽象化和定理化性质；二是模式与一定的理论相对应，不等于理论本身，而是对理论的一种解释或素描(百度)。

什么是商业模式？通过百度搜索，可以得到以下内容：

企业与企业之间、企业的部门之间乃至与顾客、渠道之间存在各种各样的交易关系和连结方式称之为“商业模式”。

商业模式是一种包含了一系列要素及其关系的概念性工具，用以阐明某个特定实体的商业逻辑。它描述了公司能为客户提供的价值以及公司的内部结构、合作伙伴网络和关系资本。

商业模式更是一个企业满足消费者需求的系统，这个系统组织管理企业的各种资源，形成能够提供消费者无法自制而必须购买的产品和服务，因而具有自己能复制且别人不能复制或者自己在复制中占据优势地位的特性。

究竟该如何理解商业模式？笔者认为，商业模式其实就是企业在创办、生存及发展过程中的解决方案。这种解决方案经过某种程度抽象化后，以某个模式表现出来。关于商业模式的定义，仁者见仁，智者见智，每个研究者都可以从不同的角度给出相应的定义。在此，笔者认为，商业模式是指市场主体在创办、生存及发展过程中与各种相关要素的合作关系及利益分配机制，同时还包括市场主体生存与发展的盈利方案。商业模式是以企业运营方案和盈利方案为主要内容，经过一定抽象或提炼，以某种图形或方程的形式描述的一种企业运作方式。

二、商业模式设计的理论基础

每个企业的商业模式都不相同，相同行业企业的商业模式也不相同，同一企业在不同发展阶段的商业模式也不尽相同。虽然没有两种完全相同的商业模式，但不同的商业模式设计有着共同的理论基础。这个共同的理论基础就是两个理论(需求导向理论、价值规律理论)和两个原则(各方受益原则、利他原则)，它们为各种商业模式设计提供了共同的理论支撑。企业正确的商业模式设计都遵循着这两个理论和两个原则，万变不离其宗。

(一)需求导向理论

客户需求导向理论是市场营销学的一个基本理论。该理论强调，在企业经营与发展过程中，经营者要始终以满足客户需求为商业活动的出发点和落脚点，只有为客户解决需求问题，才能为客户、社会创造价值，企业才能实现市场化造血功能。

这个理论被运用到企业商业模式设计时，要把握以下几点。第一，要始终把解决客户需求问题作为创业过程的逻辑起点和根本追求；第二，要用专业的眼光率先发现客户需求，并有效引导；第三，在创业过程中，要始终聚焦客户需求不动摇、不偏向；第四，在注重客户需求的同时，也要关注企业运营中各种相关要素的需求，既要关注企业外部客户需求，也要关注企业内部运转各种相关要素的需求；第五，针对客户需求，及时调整内部各相关要素，使之成为一套完整系统，匹配满足客户需求的生产过程。

(二)价值规律理论

价值规律理论是经济学的一个基本理论。价值规律是商品生产和商品交换的基本经济规律，其表现形式为价格受供求关系影响并围绕价值上下波动。

价值规律理论是经济社会的通用理论，但具体应用到企业商业模式设计时就要根据企业现实状况灵活应用了。商业模式设计在具体应用价值规律理论时，首先要关注商业模式内部要素各方的价值诉求，并通过商业模式运转有效回应内部要素各方的价值诉求；其次是重点关注商业模式终端客户的价值诉求，并让内部要素各方通过合理利益分配机制形成为终端客户创造价值的协同解决方案；再次是在兼顾成本与效益前提下关注增加产品的有效使用功能，从而增加产品用户数量和使用价值，提高产品竞争力；最后是利用低成本或差异化的策略，取得市场竞争力优势并努力保持。

(三)各方受益原则

在商业模式设计与实施过程中，不能只考虑市场主体自身的利益诉求，还要考虑商业模式内部要素各方的利益诉求，更要考虑产品服务对象的利益诉求。在商业模式正常运转中，所有各方利益诉求得到统一，并使各方利益诉求有效满足。

(四)利他原则

在商业模式设计与实施过程中，必须坚持利他原则。人人都想要利己，但首先必须利他。只有坚持先利他，才能真正实现利己。利己要在利他的前提下才能实现。只有坚持利他原则，确保自身产品或服务是被需要的，才能保证商业模式正常有效运转。

三、商业模式的内容

目前，国内学者在研究商业模式时，大都应用国外的商业画布作为理论工具进行分析。商业画布已经被证明是研究商业模式的良好工具和方法。我们也知道，对很多问题的研究，方法应该是具有多样性的。在此，笔者特提出理解商业模式内容的一种方法，供大家参考。

笔者认为，企业的商业模式实际上是由企业的运营方案和盈利方案构成的一个系统解决方案。运营方案包含了创业过程的前两个阶段，即选项阶段与模拟阶段给出的解决方案；同时，从企业的生成环节来看，围绕着项目选择这一环节，以及后面的四个环节(公司创建、产品设计、生产制造、市场营销)都有一个解决问题的工作方案。这就是商业模式构成模型(图 30)。

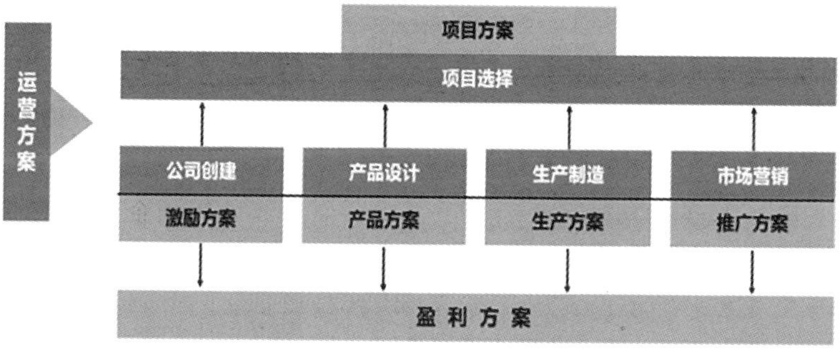

图 30　商业模式构成模型

除了运营方案外，还有一个企业的盈利方案。企业必须通过盈利方案，才能实现企业自身的市场造血功能。盈利方案既是保证运营方案有效运转的支撑基础，也是检验运营方案是否客观可行的检测工具。具体而言，商业模式由以下六种方案构成：

(一)项目(选择)方案

在制订创业项目(选择)方案时，应该考虑的主要问题(不限于此，下同)有：我对这个行业深度了解吗？项目真实的需求是什么，是谁的需求？这种需求是刚性需求，还是可有可无的需求？这种需求的频度、广度以及效度怎样？客户是谁，客户体量有多大？具有什么功能的产品才能解决这个需求问题？同类产品的现状如何，你想做的产品与之相比优劣势如何？产品设计制造的工艺、设备、技术条件如何，技术成熟度如何？具备这种技术的人在哪里，如何能获得这类人才？项目合适的合伙人是谁，他们的优势和劣势如何？项目落地需要哪些条件与资源，资源在哪里？项目实施的战略或方案是什么？公司的盈利点有哪些，怎样才能实现盈利？项目实施中可能遇到的风险有哪些？基于对这些问题的思考，项目的可行性如何？

（二）公司创建（激励）方案

在制订公司创建（激励）方案时，应该考虑的主要问题有：公司的合伙人如何选择，选择谁？公司的股权结构如何设计与构建？公司的管理团队、产品团队、营销团队如何搭建？公司的组织构建如何设计？公司运营规划与管理制度如何设计与制定？公司各类人员利益分配与激励制度如何设计？公司创建的时机如何选择？公司的地址与名称如何确定？公司的经营形式如何选择（个体户、合伙企业、有限公司或其他形式）？公司的注册资本与股东如何确定？公司的章程如何制定？

（三）产品（设计）方案

在制订产品设计方案时，应该考虑的主要问题有：明确公司产品面对的细分客户及分析满足客户群体的真实需求，避免虚假需求或者个别需求，确定产品的类型（是硬件产品）、软件产品，还是服务性产品）。广义的产品打造一般分为五个基本流程，即产品梳理、产品设计、产品落地、产品运营、产品优化等阶段，每个阶段都有相应的工作程序与内容。可以利用用户旅程地图，站在客户角度，梳理客户痛点，满足客户需求。在进行产品设计时，避免站在自己角度而非客户感受角度。好的产品设计方案可以有效满足客户需求，并快速实现差异化或低成本的竞争优势。

（四）生产（制造）方案

在制订生产（制造）方案时，应该考虑的主要问题有：首先，生产（制造）方案和产品（设计）方案是密不可分的，在初创企业中，两个方案甚至是合二为一的。所以，不同行业、企业不同发展阶段的生产方案是不同的。其次，要根据产品的性质、公司的资源与资金实力，选择是重资产运营方式还是轻资产运营方式。不同的运营方式，其产品生产（制造）方案完全不同。在选择重资产运营方式时，要考虑好生产地、设备、技术、工艺、资金、人才、物流以及产品生态等因素；在选择轻资产运营方式时，要考虑合作方的实力、合作方式以及利益分配机制等因素。基于产品生命周期，针对不同的产品阶段，需要考虑以何种生产方式实现最优成本。如果通过规模化实现单位成本降低，就能在营销过程中取得低成本优势；还要考虑到前期市场需求有限，应通过优化产量甚至按订单生产的方式实现整体生产成本可控。

（五）市场营销（推广）方案

在制订市场营销方案时，应该考虑的主要问题有：首先要根据公司产品的成熟度、用户属性、营销队伍实力等因素，确定以何种方式进行产品的引流，只有扩大产品的影响力，才可能有更多的潜在客户。其次要考虑如何通过建立市场渠道拓展潜在客户；用什么方式、途径让潜在客户（顾客）变成真正的客户；如何把客户留住，重复购买产品，成为回头客。在制订市场营销方案时，必须设计好企业与渠道方、营销者、售后服务者以及物流方等方面的合作关系与利益分配机制。

（六）企业盈利方案

企业盈利就是企业的销售收入大于企业的各种耗费支出。企业的盈利来自两个方面——开源与节流。企业发展的不同阶段、不同行业的企业开源与节流的方式方法不同。开源，即拓展产品的销售收入，市场营销方案重点解决如何通过产品营销扩大销售收入问题，在此不再重复。节流，即如何减少企业的各种耗费。在企业运营的各个环节，如何控制成本、减少耗费是很多人容易忽视的问题。在企业初创期，节流比开源更容易掌控，因而对企业盈利更重要。在企业成熟期，由于规模大、人员多，节流对企业盈利也非常重要。

通过对商业模式各个环节的梳理与分析，我们发现在整个商业模式中，涉及的要素非常多。不管有多少要素，归根到底都是人的问题，各种要素的核心最终都体现在人的方面。笔者的理解是，商业模式的核心就是市场主体与各类人员的人际合作关系与利益分配解决方案。

（此文写于 2022 年 1 月 28 日）

影响事业成功的三个关键因素

创业有狭义和广义之说，狭义的创业是指创办一家企业，广义的创业是指成就一番事业。其实，不管是狭义还是广义，创业的根本目的都是成就一番事业，只是成就事业的平台和方式不同而已。狭义的创业是自己去创办一个平台（企业），以商业的方式去成就一番事业；广义的创业是用他人的平台，以多种方式成就一番事业。

不管用哪种平台和方式去成就一番事业，影响因素不外乎是内因和外因两个方面。外部方面的因素很多，包括团队、资源、机会、平台等。由于每个人在职场的外因条件千差万别，这里就不做讨论。内部方面的因素同样很多，但最关键的因素是内驱力、执行力和组织文化适应力。

一、内驱力

什么是内驱力？从生物体的视角来看，内驱力是在需要的基础上产生的一种内在唤醒状态或紧张状态，表现为促进生物体活动以满足需要的内部动力。把这种概念引申到人的内驱力，就是为满足人的某种需要，驱动人在生存与发展过程中产生某些行为的内部动力。人的内驱力存在于人的内部，激发这种内驱力要靠人的某种本能需求和社会需求来诱导。

影响内驱力的主要方面。马斯洛的需求层次理论告诉我们，人的需要分为五个层次，生理需要和安全需要是人作为一个高级动物生命体的本能需求，社交需要、尊重的需要和自我实现的需要属于人的社会属性需求。因此，影响人的内驱力的主要方面是作为动物体生存的本能和作为社会人的发展两个方面。人在没有解决生存问题前，人的内驱力主要源于满足生理需要和安全需要的欲望。在解决生存问题后，人的内驱力主要源于满足交友、尊重和自我实现等社会属性的欲望。

如何增强个人的内驱力？人对不同需求满足的欲望是人的内驱力产生的动力源。人的需要可主要分为生命体生存的本能需求和人的社会属性的发展需求。

在人的本能需求欲望满足方面，既可以通过生命体本能的生存系统来诱导或激发内驱力，又可以通过教育、引导激发内驱力。比如，当人还没有解决生存问题时，他除了受满足本能需求欲望的影响外，还受社会环境、社会教育的影响，他改变个人命运和状态的欲望越强烈，他的内驱力越强大。

在人的社会需求欲望满足方面，生命体本能驱动的作用或影响就逐渐减弱，起主要作用的是世界观、人生观和价值观的影响。因此，生涯发展中人的不同的世界观、人生观和价值观是影响人的社会需求欲望满足的主要因素。在青少年成长阶段，通过正确的世界观、人生观和价值观的教育引导，可以充分激发青少年的社会需求满足的欲望，从而增强青少年成长发展的内驱力。对于大学生而言，激发他们成长发展的能动性、专业学习的能动性、就业创业的能动性，是增强大学生学习和成长内驱力的重要途径和方法。

二、执行力

什么是执行力？执行力是指贯彻战略意图、完成预定目标的操作能力；是把组织的战略、规划转化为效益、成果的关键，它包含完成任务的意愿、能力及程度。

影响执行力的主要因素。由于每个人的情况千差万别，影响个人执行力的因素也不尽相同。从共性方面来看，执行力主要受六个方面影响：一是个人的能力。能力是完成预定目标的基础条件，没有相应的能力，其预定目标就没有实现的基础。二是个人的习惯。习惯是长期形成的不易改变的行为、倾向和生活方式，好的习惯有助于预定目标的实现。三是目标。目标是想达到的境地或标准，是努力的方向，是激励的动力源，是凝聚人心的灯塔，也是决策的标准和考核依据。四是时间管理。有效的时间管理，可以提高实现预定目标的效率。五是毅力。只有坚持再坚持，才能战胜各种困难，实现预定目标。六是责任感。责任感是一种自觉主动地做好分内分外有益事情的精神状态。人只有有了责任感，才能具有驱动自己一生都勇往直前的不竭动力，才能感受到自我存在的价值和意义。

如何增强个人的执行力？既然影响执行力有六个方面，那么要想增强个人在职场和人生发展过程中的执行力，就应该从这六个方面去历练：一是不断提高个人解决目标问题的能力。能力源于知识，会运用知识能变成能力。能力还源于实践，能力是在干中提升的。二是要形成良好的习惯。个人习惯包括工作习惯、生活习惯、交友习惯等。优秀的人一定会有好的习惯。习惯要从小开始养成，从做一件事开始养成，从进入新的岗位开始养成。三是要有个人明确追求的目标。个人追求的发展目标要与自己所在组织平台的发展目标相结合，两者不是对立的，而是统一的。目标既要有一定高度，又要与自身情况相吻合，即通过一定的努力是可以实现的；还要善于对目标进行阶段分解，逐步实现。四是要管理好自己的时间。要合理安排好非目标任务时间和目标任务时间，要提高做事效率，学会整合利用资源协助完成目标任务，善于提高时间效率。五是历练个人毅力。要围绕目标善于坚持，不轻言放弃，懂得成功只是比失败多坚持一点。六是做人做事要有责任心。要懂得先有付出，后有回报。工作不要过分强调分内分外，要懂得有一个干事的机会就是多了一个成长的机遇。

三、组织文化适应力

什么是组织文化？组织文化是指组织全体成员的共同价值体系，它使组织独具特色，并区别于其他组织。组织文化的核心是共同的价值观，价值观是组织存在的基础，是组织凝聚力的重要体系，也是一个组织能否成功的重要因素。

组织文化的差异性和共性。不同领域组织之间的文化差异很大。例如，高校与企业、企业与政府部门、政府部门与军队，这些组织的文化差异很大。同一行业内不同组织之间的文化也具有一定的差异。例如，武汉大学与武汉理工大学虽然都是高等学校，但两校各自的文化还是具有差异的。华为与东风汽车公司，虽然同为企业，但两家企业的文化差异也很大。同一行业组织之间的文化虽然具有差异性，但也存在着共性。例如，企业组织之间文化的共性是为用户创造有价值的产品或服务，企业由此可以实现盈利；军队文化的共性是爱党爱国爱民，不断提升战斗力。所以，我们既要看到不同组织之间文化的差异性，也要看到同行组织之间文化的共同性。只有认真了解自己所在组织的个性文化，同时了解自己所在组织所属行业文化的共性，才能真正适应组织文化。

高校教育工作者如何适应高校校园文化？不同领域、行业之间的组织文化差异很大；同时，同一领域、行业之间的组织文化既有共性，也有差异性。组织文化的差异性在此就不讨论了，这里重点讨论如何适应组织文化的共性方面。下面以高等学校为例，谈谈高校教育工作者如何适应高校这个组织的共性校园文化。

每所高校都有自己的校园文化特色，这是由同一行业组织文化差异性体现的。作为身处某所高校的教育工作者，先要认清自己所在高校的校园文化特色，并要努力去适应它。

同一行业组织又具有文化的相同性，即共性文化，所以不同高校也有校园文化的共同点。高校共性校园文化的核心内容可以用八个字表述，即“育人为本，学术至上”。

“育人为本”，我的理解是：不管你在高校是辅导员还是专业教师，不管你是普通工作人员还是校领导，不管你是后勤工作人员，还是行政工作人员，都只是你的职业角色不同、岗位职责不同而已，其根本目的是一致的，那就是促进学生成长成才，育人是所有教育工作者的职责之本。有了这样的工作理念，你就会在高校任何工作岗位上都围绕着学生成长成才不断创新，不断做出努力和贡献。

“学术至上”，我的理解是：高校是做学问的地方，高校教育工作者要不断将学科领域的本质规律，以学术的形式呈现，通过高校四大职能服务于学生成长成才，服务于社会经济发展。在这个过程中，谁的学术成果多、贡献大，谁在高校校园中的地位就高。

作为一名高校教育工作者，要把工作成果以学术的形式呈现，才是适应了校园共性文化，才是找准了职业发展的路径与方法。高校学术文化呈现的形式主要有论文、教材、专著、课题、研究项目、学术奖项，高校教育工作者要把自己的工作成果以这六种学术形式呈现，才能在高校体现其学术水平，其职业发展才有比较好的结果。因为高校校园文化的核心是在促进学生成长成才这个使命下，用不同质量和数量的学术成果来评价教育工作者的绩效和贡献。

举个例子。假设你是一名工作了六年的高校辅导员，每年年底都要写一份工作总结。六年间你写了六份工作总结，但工作总结不属于学术成果，因而没有学术价值和作用，不会被学校主流文化承认和认可。如果你走行政发展之路或职级发展之路，就偏废了学术发展之路。在这六年间，如果你能针对学生成长发展中的实际问题写好六篇论文，开展一些课题研究，六年后你就有可能被评为副教授。和其他辅导员相比，除了行政职务和职级两条发展路径外，你又多了一条学术发展路径，在高校校园环境中就会有好的职业发展结果。

四、内驱力、执行力、组织文化适应力之间的关系

首先，三者相互联系、相互影响。内驱力的大小影响执行力的强弱，也影响组织文化适应程度；执行力的强弱既影响内驱力的大小，也影响组织文化的适应力；同样，组织文化的适应力也影响内驱力的大小和执行力的强弱。三个方面相互影响，缺一不可。

其次，三者在职场人士职业发展过程中发挥的作用不同。内驱力是个人职业发展的动力源泉，属于个人职业发展的能量系统；执行力是个人职业发展的运行系统，能量系统需要燃烧发动，需要有载体运动前进，两者之间的相互作用才能使能量系统推动运行系统前进；组织文化适应力是个人职业发展的方向系统，执行力在内驱力的驱动下向什么方向运行，是朝着职业发展的目标方向运行，还是南辕北辙，组织文化适应力就可以把握职业发展方向，让你沿着正确的职业发展方向前进。三者之间的关系如图 31 所示。

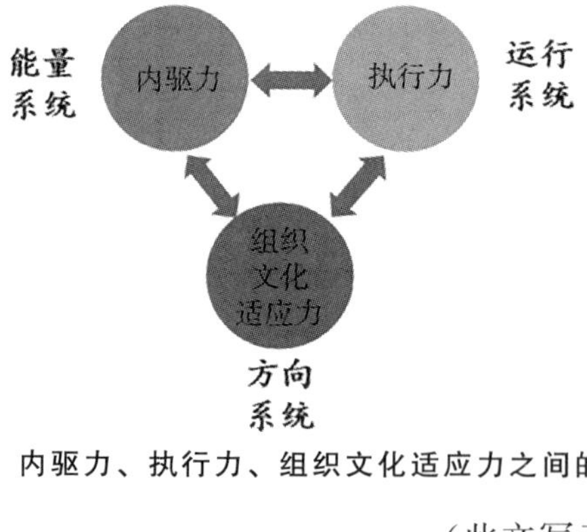

图 31　内驱力、执行力、组织文化适应力之间的关系

（此文写于 2022 年 4 月 8 日）

创业项目失败的主要因素

在创业过程中，大学生创业项目大都会以失败而告终，社会创业者也往往是九死一生。创业项目失败的原因是多方面的，但主要因素是创业项目选择不当、项目缺少模拟推演、商业模式不清晰、行业认知不深刻、能力素质不匹配。

一、创业项目选择不当

选择合适、正确的项目是创业成功的基础，也是创业过程的第一步。但很多创业者在选择创业项目时，没有对创业项目进行理性思考、深入调研、认真分析，主要表现在以下三点。

一是没找准需求。创业是用商业的方式解决社会某种需求问题，社会需求问题是创业项目选择的逻辑起点。很多创业者往往以个人感觉或经验来确定创业项目要解决的需求问题，而这个需求问题往往不是痛点问题，有的甚至是伪需求。确定创业项目要解决的问题，应该从定性分析和定量分析两个方面来进行。其中，定性分析应该从需求的性度、频度、广度和效度四个方面来分析；定量分析应该通过专业的需求调查，用客观数据来分析。

二是对创业项目缺乏可行性分析。在找准需求问题之后，还要对创业项目进行深入的可行性分析。比如，团队结构的合理性、技术的先进性和成熟度及项目的经济性和环保性状况等。

三是对项目风险缺乏评估分析。创业项目在股东及股权结构、团队结构、产品研发、市场营销、政策法律、环境保护等方面都会存在风险与问题，如果对这些方面没有事先的评估分析，往往会给项目发展留下很多隐患。

二、项目缺少模拟推演

创业以项目选择为起点，具有顺序发生、先后承接的“选项—模拟—运转”三个阶段。这三个阶段的顺序在创业过程中不可颠倒、不可跳跃。

在现实的创业实践活动中，很多创业者忽略了创业的第二阶段——模拟，直接进入创业的第三阶段——运转。因为在创业的第一阶段(选项)和第二阶段(模拟)还没有进行企业的实际运转，所以前两个阶段所需要的成本支出很少甚至为零。进入第三阶段(运转)，场地、人员、设备、材料、研发等都是需要经费支出的。当产品不成熟、营销不畅通等因素影响企业收入时，就会出现企业支出大于收入。这种现象持续时间一长，就会导致创业项目失败。

模拟是创业过程中必经的阶段，对于创业风险的控制具有重要作用，创业者一定要重视对创业项目的模拟推演。模拟的方法主要有功能测试、要素综合、逆向运作等。大学生参加各类创业计划大赛和创业项目路演也是项目模拟的一种方式。

三、商业模式不清晰

通俗地说，商业模式就是企业生存和发展的解决方案。商业模式是市场主体在创办、生存和发展过程中与各种相关要素的合作关系、利益分配机制及市场主体生存与发展的盈利方案。商业模式是以企业运营方案为主要内容，经过一定抽象或提炼后，以某种图形或方程的形式描述的一种企业发展解决方案。企业都有其独特的商业模式，同一企业不同发展阶段的商业模式也不尽相同，相同行业企业的商业模式既有共性也有差异性。

很多创业者在企业创办时期，对与企业生存、发展各种要素之间相互的关系认识不清、处理不当，尤其是企业主体与各种要素之间的利益分配问题处理不当。这都会导致企业在生存和发展过程中运营不畅通，甚至会使企业经营活动变得困难重重，从而导致创业项目失败。

除了企业运营解决方案外，商业模式还包括盈利方案。这两个方案相互影响，缺一不可。创业不能仅靠激情和情怀，更需要理性。企业虽然能运营，但盈利问题不能有效解决，企业的运营是不可持续的。运营方案是盈利方案的基础，盈利方案是运营方案的保障。有的创业者在创业项目的盈利方案都没有设计好、执行好的情况下，就开始项目落地运营，必将导致创业项目失败。

四、行业认知不深刻

当创业项目选定后，就确定了项目所属的行业。但创业者对这个项目所在行业的宏观政策和法律法规了解吗？对这个行业发展的历史沿革和发展趋势了解吗？对这个行业的技术、工艺、设备、物流及供应链情况了解吗？对这个行业的产业生态状况了解吗？对这个行业的商业模式清楚吗？对这个行业的头部企业及竞合企业了解吗？这个行业的资源情况有一定积累吗？这些方面都是创业者对项目所属行业情况要了解的基本内容。

“隔行如隔山”是说一个人对一个行业没有进行深入的实践探索，没有在行业里深耕，那对这个行业是很难真正了解的。当创业者选择在某一行业创业时，如果事先没有对所属行业进行深度的调研和实践探索，那他对上述情况是很难真正了解和掌握的，在创业的过程中就会掉坑。因此，对行业认知不深刻或跨行创业，其创业风险都是很大的。

要深刻了解项目所属行业情况，最有效的方法是在创业之前，先到行业去就业，工作 5 年左右。现实创业活动中，很多创业者是先就业再创业就是这个道理。也可以通过先研究行业报告，并进行行业实习，或先做行业产品销售生意，积累行业资源，了解行业情况后再创业。

五、能力素质不匹配

创业者的创业能力素质不能满足创业项目正常运转，不能适应创业项目选项、模拟与运转三个阶段的实际需要；也就是说，创业者的创业能力素质与创业项目正常运营所需要的能力素质不匹配，这个因素应该说是五个主要因素中最重要、最根本的因素。只要创业者的创业能力素质足够好，对创业项目选择、项目模拟、商业模式确定、行业认知等问题，都可以很好地解决。

作为一种社会实践活动，创业是有规律可循的，但掌握了创业规律并不能保证创业成功，只能帮助创业者规避一些创业风险。创业过程中更多的是具有众多的不确定性。如何驾驭创业过程中的不确定性，即如何解决创业过程中随时遇到的各种困难和问题，能够依靠的就是创业者的创业能力素质。很多人创业失败，根本原因就是个人的创业能力素质与创业项目所需要的能力素质不匹配。

创业者的创业能力素质不匹配是创业项目失败的内因，其他因素是影响创业项目失败的外因。创业能力素质是在创业项目的实干中经历一次次失败而得到提升的。创业者的成长之路，就是在创业中成长，在成长中创业。

（此文写于 2022 年 4 月 22 日）

高校创业管理专业人才培养模式探索

教育部批准设置创业管理本科专业后，创业型人才正式纳入我国高等学校人才培养体系。截至目前，全国已有 13 所高校获准设置创业管理本科专业。创业管理专业采用什么样的模式进行人才培养，是广大高校创业教育工作者正在思考和探索的问题。2022 年，武汉工商学院获批设置创业管理本科专业，并成为获批当年就开始招收创业管理本科生的湖北省第一所省属普通高校。在此，我向大家介绍下武汉工商学院创业管理专业人才培养模式探索情况，希望各位同行与专家给予指导。

一、树立“三性互融”的人才培养理念

只有掌握认识某工作的本质和规律，才能形成该工作的正确理念。创业型人才培养理念，既要对创业型人才的本质和规律进行深刻认识和精准领会，又要对创业型人才培养进行全过程、全方位全面体现。“三性互融”的人才培养理念是指在创业管理专业人才培养过程中，尊重学生个体职业特质的“差异性”，激发学生学习成长的“能动性”，培养学生干事创业的“创新性”。

尊重学生的“差异性”。每个学生的家庭环境、成长经历、学习状况不同，每个学生的职业价值观、性格、兴趣和能力倾向就不同，因而每个学生个体职业特质也不同。在创业管理专业人才培养过程中，高校要充分尊重学生个体的差异性。只有认识学生的差异性、尊重学生的差异性，才能真正实施因材施教、分类培养，才能有效激发学生的能动性，培养学生的创新性。

激发学生的“能动性”。要培养学生成长成才、专业学习和创新创业的主体意识。主体意识是人对自身的主体地位、主体能力和主体价值的一种自觉意识，是人之所以具有主观能动性的重要根据。大学的教师、教材、课程、图书馆等都是学生成长的条件，是外因；大学生的内驱力和能动性是内因，能动性是大学生成才成长的决定性因素。激发学生的能动性是高等教育最重要的工作，也是最难做好的工作。

培养学生的“创新性”。创新既是国家发展的动力源泉也是个人事业发展的动力源泉，培养学生的创新意识、创新精神和创新能力是高校人才培养的重要内容。创新是创业的基础，创业是创新的价值体现；创新是创业的重要前提，也是创业的重要组成部分。培养学生的创新性，既要培养学生的创意能力，也要培养学生的创造能力。培养学生的创新性，既是培养路径，也是培养方法，更是人才培养希望实现的结果。

“差异性”“能动性”和“创新性”在创业型人才培养过程中缺一不可，它们相互区别、相互联系、相互依存、相互融合。差异性是能动性和创新性的基础，能动性是差异性发展和创新性培养的内驱动力，创新性是差异性和能动性的路径和目的。“三性互融”的理念要体现在创业管理专业人才培养的课程体系构建、教学设计组织、实践平台建设、师资队伍培养、学生评价考核等方面。

二、建设“课创一体”的专业培养载体

创业管理专业人才培养是针对具有创业潜质或特质的学生，实施因材施教、分类培养的一种教育改革探索，选择合适的生源是创业管理专业建设的首要任务。从人才培养目标的劳资类型来看，其他专业都是培养雇员型人才，而本专业是培养雇主型人才。武汉工商学院创业管理专业致力于为社会培养大批具有较强企业家精神、较高创业素质、较强创业能力和深厚母校情怀的科技创业精英与商业领袖人才。

本专业学生毕业后，可以自主创业或合伙创业，也可进入新经济企业进行企业内部二次创业，还可以进入各类创客空间、孵化器、科技园区、产业园区和创投机构等，从事创业相关运营管理工作。

强化创新创业素质教育。创业是一种社会实践活动，既有规律可循，又具有很多的不确定性。要驾驭和把控创业过程中的各种不确定因素，靠的是创业者的能力和素质，能力素质是创业项目取得成功的决定性因素。创业管理专业人才培养方案中的课程体系设计要遵循创业型人才成长规律，其中专业基础课程模块主要设置的是培养学生领袖素质、商业素质和管理素质的课程，通过专业基础课程强化学生创新创业素质培养。

强化创业能力培养。创业管理专业人才培养方案中的课程体系设计要遵循企业生成规律，按照创业过程中不可跳跃、不可颠倒的三个阶段(项目选择、模拟推演、企业运转)、企业生存逻辑(项目选择→公司创建→产品设计→生产制造→市场营销)和商业模式设计规律设置相应的专业课程。把专业课程学习和创业实战项目充分融合，将专业课程学习和创业项目实践融为一体，让学生在“创中学、学中创”，通过专业课程体系全面培养大学生创业实践能力。

三、构建“三式实战”的实践路径与平台

学生都能有真实创业项目进行创业实践和学习，是衡量创业管理专业人才培养质量的一个重要方面。武汉工商学院为每个创业管理专业学生提供了“三式实战”的创业实践路径与平台。

主导式创业。在专业课程学习过程中，学生可选择适合自己的创业项目进行主导式自主创业。面向开展实战创业的学生，学校提供了一万多平方米的实践平台，为学生免费提供办公场所和专业的孵化指导。实践平台根据企业发展不同阶段由“创客空间→创业苗圃→创业孵化器”三级平台构成。

合伙式创业。在校学习阶段还不具备自主创业条件的学生，可以自由选

择或由学校组织推荐到相应创业公司合伙创业，或进行创业实践。这些企业既包括校内学生的创业公司，也包括校外学生和校友的创业公司，还可以与教师共同创业。学校鼓励专业教师和创业管理专业学生共同创业。教师利用自身的科研成果、技术资源等，学生利用自身的创业专业优势、时间精力能力优势，合作组建创业公司。学校为师生共创公司在股权设计、资源整合、公司运营等方面提供专业的指导服务。

依附式创业。学校充分发挥民办高校的机制优势和特色，利用学校的校内资源、学科专业资源、校友资源、校外资源，帮助学生进行各类依附式创业活动：由创业管理专业学生共同组建创业公司，或在学校组建的创业公司进行创业实践学习，或依附在学校引进的成熟创业项目进行创业实战。

四、形成“三性互融、课创一体、三式实战”的人才培养模式

武汉工商学院创业管理专业的人才培养模式是以尊重学生的差异性、激发学生的能动性、培养学生的创新性为理念，将专业课程学习和创业实践项目融为一体，为学生搭建“主导式创业、合伙式创业、依附式创业”的创业实战路径和平台，从而形成“三性互融、课创一体、三式实战”的创业型人才培养模式(图 32)。

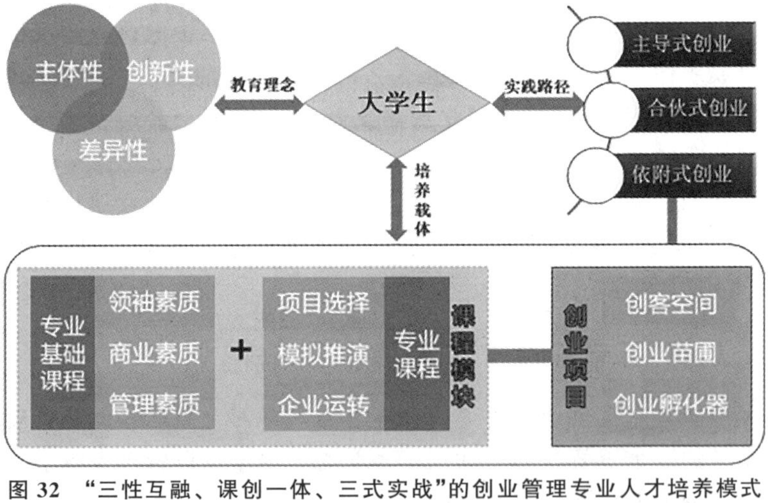

图 32 “三性互融、课创一体、三式实战”的创业管理专业人才培养模式

人才培养模式探索只是创业管理专业建设过程中一方面的内容，它还与创业管理专业的人才培养理念、培养方案、师资队伍、教学制度等方面息息相关；人才培养模式探索是厘清创业管理专业人才培养逻辑的一种方法和手段，还需要在创业管理专业建设过程中不断改革和创新。

（此文写于 2022 年 5 月 20 日）

创业管理本科专业建设的三个关键问题

创业管理作为一个全新的高校本科专业，其建设工作涉及的问题有诸多方面。按照“一生二、二生三、三生万物”的国学思想，梳理出创业管理本科专业建设的三个关键问题是：人才培养理念要先进、专业课程体系设计要科学、学生教育管理机制要创新。

一、人才培养理念要先进

专业建设首先要解决人才培养的理念问题。理念是做好一项工作最基础最关键的因素。正确的工作理念形成，是源于对某项工作本质和规律的认识和把握。只有深刻认识和把握了某项工作的本质和规律，才有可能形成先进的理念。创业管理本科专业的人才培养理念，必然源于对创业管理人才培养工作本质和规律的认识和把握。

创业管理本科专业建设的核心本质是素质教育，要对具有创业特质的学生因材施教，使其具有适应从事创业社会实践的素质与能力。创业管理本科专业建设遵循的两个基本规律是“创业型人才成长规律”和“企业生成规律”。

创业管理本科专业人才培养的理念：尊重学生个体职业特质的“差异性”，激发学生学习和成长的“能动性”，培养学生干事创业的“创新性”。

创业管理专业人才培养理念的确立可以解决专业建设过程中的人才培养定位、人才培养目标、人才培养模式和生源选拔等问题。

专业定位：要面向具有创业潜质的学生，形塑其创新创业素质与能力，为社会培养雇主型创业人才。

培养目标：要使学生具备良好的企业家精神、较高创新创业素质、较强创新创业能力，成为具有深厚母校情怀的科技创业精英和商业领袖人才。

培养模式：要将专业课程学习和创业实践项目融为一体，使其成为学生成长载体；为学生搭建“主导式创业、合伙式创业、依附式创业”的创业实战路径和“创客空间、创业苗圃、创业孵化器”等创业实践平台，形成“三性互融、课创一体、三式实战”的创业型人才培养模式。

生源选拔：借鉴艺术类学生生源选拔机制，创新生源选拔机制，选择真正具有创业特质的学生来学习本专业。

二、专业课程体系设计要科学

“三性互融”的人才培养理念如何在创业管理专业课程体系设计中充分体现和落地，是要重点思考和解决的问题。“三性互融”的人才培养理念不仅要体现在课程体系设计中，还要体现在课程体系实施的教学组织活动中。

专业课程体系中的各门课程是对不同学科知识的选择与组织。专业课程体系一般由公共基础课程模块、专业基础课程模块和专业课程模块组成。其中，公共基础课程由学校统一安排。专业基础课程模块和专业课程模块怎么选择与组织？这些课程在选择时应该依据什么理论逻辑，应该遵循什么基本规律？

笔者在组织设计武汉理工大学工商管理(创业管理方向)课程体系及武汉工商学院创业管理专业课程体系时，依据的理论逻辑就是创业者能力素质系统模型，遵循的基本规律是创业过程与创业成长规律(包括创业结果规律、创业者成长过程、创业者成长规律等)、企业生成规律(包括企业生成的过程、企业生成的逻辑、商业模式的设计等)。这些理论逻辑和基本规律都是笔者在创业实践过程和创业教育探索中的个人思考，纯属个人一孔之见，欢迎专家和同行批评指正。

专业基础课程模块。专业基础课程的选择主要遵循创业者成长规律，这个规律告诉我们，创业成功决定性因素是创业者的能力素质，创业者的能力素质是在创业实践中历练而成的。因此，创业管理专业基础课程主要培养学生创新创业能力素质。为了实现创业能力素质培养这个目标，专业基础课程模块主要包括四类课程：创业认知类课程、领袖素质类课程、商业素质类课程、管理素质类课程。这四类课程中，既有理论课程，也有实践课程；既有线上课程，也有线下课程；既有项目式学习课程，也有访谈调研、实践类课程；既有短期学习课程(3～5 天)，也有长期养成、练习课程(贯穿 4 年)；既有必修课程，也有选修课程。通过多种形式、方式，全面培养学生创新创业能力素质。

专业课程模块。专业课程的选择主要遵循企业生成规律，即围绕着如何从 0 到 1 诞生一家企业。创业过程包括不可跳跃、不可颠倒、不可或缺的三个阶段，即项目选择→模拟推演→企业运转。专业课程旨在培养学生创办企业的能力素质，按照企业生成过程的三个阶段设计和选择了四类课程：创业行业认知类课程(选修)、创业项目选择类课程、项目模拟推演类课程、企业实际运转类课程。

创业管理专业课程模块以实践课程为主，充分尊重学生个体的差异性，具体体现在创业行业认知类课程及毕业设计、答辩环节。学生根据自己的实际情况可以选择自主创业或在创投和创业服务行业就业，其相应课程由学生个体自由选择。即使是创业的学生，创业行业认知类课程也完全由学生自主选择。

三、学生教育管理机制要创新

专业建设中的三个主要因素是培养目标、课程体系和专业中的人。其中，培养目标通过明确教育理念而确定，课程体系设计通过探讨教育理念和创业教育基本规律也在前面部分进行了讨论，专业中的人既包括专业学生也包括专业教师。师资队伍建设也是专业建设中的一个重要问题，由于篇幅的原因在此不讨论。下面重点讨论对专业学生如何教育管理的问题。

创业管理本科专业的核心本质和根本目标是素质教育，它是针对有创业特质学生的一种素质教育，这种素质教育有别于传统雇员型人才专业培养的素质教育。传统雇员型人才专业培养的素质教育是强化通识教育的素质教育，创业管理本科教育的素质教育是针对特殊群体(有创业特质的人)的通识素质教育和创新创业素质教育。后者与传统专业素质教育的这种区别是由“创业”这项社会实践活动的本质要求决定的。因为创业项目要做成功，靠的更多的不是创业者的某种专业技能，而是具备较高的领袖素质、商业素质和管理素质的创业者，有效整合各类资源，建设优秀团队，研发生产专业产品，把控和解决创业过程中诸多的不确定性因素。相较于以某种专业技能培养为目的的传统专业教育，创业管理专业素质教育的目的性更强。

专业课程体系中，各门课程讲解的知识如何转化为学生的素质能力？除了课程体系的设计要科学外，学生的教育管理机制更要大胆创新，要突破传统专业的学生教育管理思维和方法。

书院制是将通识教育(素质教育)与专才教育结合，力图达到均衡教育目标的一种学生教育管理制度。书院制既适合传统技能型人才培养专业教育管理，也适合创业管理专业的学生教育管理。因此，创业管理专业学生管理教育可以探索“微书院”模式。

创业管理专业学生教育管理的“微书院制”，就是要秉承“德能兼修、因材施教、创中成长”的教育管理理念，并在以下几个方面进行探索与创新。

“三育人”管理机制。通过多种方式进行正确创业价值观引导和企业家精神教育，弘扬优秀的创业文化，实现“文化育人”；素质培养需要时间沉淀，要设计多种形式的课程和活动，强化优秀习惯的养成，实现“养成育人”；能力是在干中历练的，要设计多种学习活动项目，实现“项目育人”。

“三自”管理机制。以激发学生学习和成长能动性为目标，增强学生成长发展内驱力，要让每个学生实现“自理”，班级实现“自治”，毕业时每人能实现“自立”。

“三师”管理机制。在校内专业教师中选配师资，为每位学生成才配备一名学业导师；在校友中选配优秀校友，为每位学生成才配备一名成长导师；挑选社会各行业成功创业者配备为学生成才的创业导师。

“三种评价考核”管理机制。评价考核管理机制既是抓手，更是导向。要在学生课程学习和日常管理中探索“学生自评、教师核评、专家督评”考核评价机制。

（此文写于 2022 年 6 月 17 日）

依附式创业——在校大学生创业实践的首选方式

在校大学生从事创业实践活动，可以看作一种学习成长方式。大学生在校期间所做的创业实践项目，并不一定是将来从事的创业事业项目。大学生在校期间创业实践的首选方式应该是依附式创业。

一、在校大学生创业的三种主要方式

在校大学生创业实践的主要方式有自主式创业、合伙式创业和依附式创业。

自主式创业是大学生自主创业，它是指在创业实践项目中，在校大学生在项目中处于主导地位。

合伙式创业是指在创业实践项目中，在校大学生在项目中扮演合作者的角色，而非主导的角色。创业项目的合伙人，在项目的股权上属于小股东。

依附式创业是指在校大学生依附某个创业项目平台，利用其成熟的产品、市场渠道和平台进行创业实践。在这种方式中，在校大学生既非创业项目的主导者，也非创业项目的合伙人，而是以雇员的身份在他人创办的平台上进行创业实战训练。依附式创业并不是真正的创业实战，而是为将来进行自主式创业做的一种创业能力素质训练和准备。

没有任何创业实践经验的在校大学生进行自主创业的项目大都会以失败而告终。所以，笔者特别不赞同在校大学生贷款创业、借钱创业和用父母的钱创业。在校大学生如果是首次进行创业实践活动，建议首选依附式创业，次选合伙式创业，最好不要进行自主式创业。

二、为什么首选依附式创业

尽管依附式创业并不是真正意义上的创业行为，但它是实现自主创业并取得创业成功不可或缺、不应逾越的能力素质训练、准备阶段，它是大学生有效规避创业风险、减少创业成本的一剂良方。

创业结果规律告诉我们：个人创业的结果取决于两个方面：一方面是条件性因素，即创业过程中各种有形和无形的资源和要素，这些资源要素是创业活动能否取得成功的外在条件，它们都非常重要；另一方面是创业者所具备的创业能力素质，它才是创业结果的决定性因素。创业过程外在条件因素固然重要，但不是创业结果的决定性因素。

创业者的创业能力素质是在创业实战中干出来、练出来的。大学生初次创业，其创业能力素质是很弱的，因而其一开始就去自主创业，能力素质把控不住创业项目中的各种不确定性因素，因此，大学生盲目进行自主创业一定会以失败而告终。创业项目失败不等于创业失败，成功的创业者都是经历多个创业项目失败、从中历练创业能力素质才走向成功的。

虽然创业项目失败能提升创业者的能力素质，但把握不好，往往会让创业者经济损失很大，甚至血本无归而被迫终止创业。依附式创业方式既能通过创业实战训练创业能力素质，又能有效规避创业风险，因而是在校大学生在正式自主创业之前的首选创业实践方式。

三、在实践中历练是创业者成长必由之路

依附式创业实际上是一种创业实践方式，创业实践对于在校创业大学生来说就是一种学习方式。大学生的创业知识可以通过课程、书本、视频等方式来获得，而大学生创业素质能力必须通过创业实战历练来提升。

在实践中创业，在创业中成长，在成长中创业，是创业型人才成长的基本规律。在校大学生通过依附式创业方式，在干中学、学中干，既可以提升自己的创业能力素质，又可以在别人创办的事业平台上规避许多创业风险，把创业成长的成本降到最低。

依附式创业虽然不是真正意义上的创业活动，但这是大学生未来进行自主创业最好的准备方式。这种方式完全可以不用贷款、借钱或用父母的钱，还可以积累创业资源资金和提高能力素质。

成长之路上，创业型人才的社会角色先是成为生意人，再成为创业者，

最后成为企业家(生意人→创业者→企业家)。个人创业不可能一开始就成为企业家，企业家的成长之路是漫长而艰辛的。高校的创业教育就是要培养大学生具备一定的企业家精神，形成正确的创业价值观。创业是用商业的方式成就事业的一个过程，创业者的目标是用商业的方式解决某种社会需求问题，用商业的方式创造社会价值。赚钱不是创业者追求的终极目标，盈利只是企业的根本属性。

高校在创业教育中要认识三种创业方式对大学生创业成长和创业成功的作用和风险，不要盲目鼓励大学生自主创业、结合专业创业，要鼓励想创业的大学生先进行依附式创业活动，经过一定的积累后再进行合伙式创业、自主式创业，这既遵循了创业的基本规律，也是对学生创业成长负责。

（此文写于 2022 年 11 月 26 日）

高校创业教育分类及其内容

一、背景

为实施国家创新驱动发展战略，2014 年国务院向全国发出了“大众创业、万众创新”的号召。高等学校为适应时代发展，面向大学生积极推进创新教育和创业教育。创新创业教育的春风吹遍神州大地，正在如火如荼地展开。高校创业教育如何分类，高校创业教育究竟应该教什么，这既是高校创业教育的根本问题，也是方向性问题。准确把握高校创业教育的分类及其内容，对于促进高校的创新创业教育改革和人才培养改革具有十分重要的意义。

二、存在的问题

目前，在高校创业教育分类及其内容理解方面主要存在两种片面认识。

一是把创新创业教育理解成一种教育。创新创业教育包含了创新教育和创业教育。创新和创业是既有紧密联系又有重要区别的社会活动，因而创新教育和创业教育也是既有紧密联系又有一定区别的教育。如果把创新创业教育理解为一种教育，既混淆了创新教育的内容，也混淆了创业教育的内容。

二是没有对创业教育进行类别细分，而且在理解创业教育内容上以偏概全。有一种观点认为，高校创业教育应该是广义的创业教育，在教育内容方面，不是教学生如何去创办企业，而是培养学生创新创业意识和精神，无论学生将来选择什么样的职业发展道路，这些创业意识和精神都能帮助他们成就事业。另一种观点是狭义的创业教育，认为高校创业教育不鼓励学生创办公司，创业教育就是“虚”的，只停留在“形式”上。持这种观点的人认为高校创业教育的内容就是指导学生创业实践，帮助学生创设公司。

对高校创业教育的以上两种认识，往往是基于个人对创新创业教育的狭隘理解或经验感知，没有从创业教育本质和客观规律来认识和把握，没有从人才培养的本质和客观规律来把握，没有从创业教育的整体性来把握。

三、高校创业教育的分类及内容

首先，要遵循人才培养规律和创业教育基本规律，对创业教育进行分类及内容设计；其次，要坚持系统论认识观，全面系统地设计创业教育内容，不可盲人摸象；最后，要坚持因材施教理念，根据学生个体特质的差异性，设计面向学生的不同特质、不同需求、不同阶段的创业教育内容。基于这三点认识，高校创业教育从类别上可以分为创业通识教育、创业专业教育和创业实践教育。

（一）创业通识教育及其内容

创业通识教育是面向全体学生开展的以创新创业意识精神、企业家精神为主的系列教育。

高校创业教育的落脚点是教育，其根本目的是人才培养。因此，创业教育要面向全体学生进行正确创业价值观引导，开展创业意识、思维、精神、品质和能力教育；进行正确创新创业理念引导，开展成长能动性、价值需求导向、知行合一、创新实践等理念教育；进行创新创业基本方法培养，开展多种专创融合模式教育，引导学生实施创新和创业实践项目。这些创新创业通识教育可使大学生具备一定的企业家精神。不管大学生将来是就业做雇员还是创业做雇主，企业家精神都能够成为其职业发展过程中的价值观、方法论和指南针。

（二）创业专业教育及其内容

创业专业教育是面向少数具有创业潜质或特质的学生开展以创业型人才培养为目的的系统化、专业化教育。

学生个体职业特质是存在差异的，传统高校人才培养目标类型只有两大类，即学术/研究型和应用型，这两种类型从劳资关系来讲都是雇员。从毕业校友在职场成长为人才的类型来看，除了少量学术/研究型人才、绝大多数应用型人才之外，还有少数是创业型人才(占比 10%～30%)，这类人才从劳资关系来讲是雇主。毕业校友职场成才类型现实说明，传统高校人才培养目标类型是缺失的，传统高等教育没有关注到少数具有创业特质或潜质的学生。因此，高校创业教育要真正贯彻因材施教理念，对少数具有创业特质或潜质的学生进行创业专业教育，为他们设计系统的创业专业培养内容。高校创业专业教育形式是多样的，可以探索本科专业教育、第二学位专业教育、精英班专业教育、训练营专业教育等。要通过创业专业教育，为国家和社会培养大批具有企业家精神的创业型人才。

(三)创业实践教育及其内容

创业实践教育是面向极少数在校从事创业实践项目的学生开展创业项目服务、指导与孵化的系列教育。

受多种因素的影响，高校总会出现一些在校期间自主创业或合伙创业的学生，目前很多高校在校生创业人数的比例在 1%左右。学生在校创业，高校更应该将其理解为创业型人才的一种学习方式。对于在校创业的大学生，学校一是要给予鼓励，为他们创造良好的成长环境；二是在一定范围内为他们提供适当支持，包括场地、资金、技术等，为他们成长创造一定条件；三是为他们提供专业的创业指导，配备专门的创业导师，进行对口的辅导帮助；四是对接一些资源，包括政府资源、校友资源、融资资源等，通过帮扶和指导，帮助大学生创业项目成功和发展。

由此可见，高校创业教育的内容是非常丰富和系统的，既包括广义创业教育、狭义创业教育，也包括创业专业教育(表 4)。

表 4　高校创业教育内容

高校创业教育	教育对象	主要内容	目的
创业通识教育	全体学生(100%)	创业意识唤醒与创业精神培养	企业家精神培养
创业专业教育	具有创业特质学生(10%～30%)	掌握创业规律提升创业能力素质	创业型人才培养
创业实践教育	在校自主创业学生(1%左右)	创业项目孵化与指导	初创企业培育

四、实施创业教育内容的策略或建议

为保障创业教育能在高校有效推进和实施，现提出以下几点策略或建议：

（一）构建高校创业教育生态体系

高校创业教育的上述内容既自成体系、有一定的独立性，又有交叉、有融合、有联系、有影响，一方面内容不可能脱离另外两方面内容独自推进和实施。因此，高校要把创业教育的上述内容进行整体策划和精心设计，从创业文化、培养理念、培养目标、激励政策、管理制度、培养方案、课程体系、师资队伍、实践平台、评价考核等维度构建高校创业教育生态体系。

（二）打造创业教育中国原创课程教材

作为一种社会实践活动，创业是有规律的；作为一种教育活动，创业教育也是有规律的。从创业和创业教育规律中打造中国原创课程教材是高校创业教育工作者的责任和义务。高校要在学习和借鉴国外创业教育课程教材基础上，围绕三类创业教育内容，面向创业实践活动和高校创业教育实际，遵循创业型人才成长规律和企业生成规律，精心打造创业教育中国原创课程教材，建设适合中国社会主义市场经济的创业教育课程教材，努力为国家和社会培养大批具有企业家精神的创业者和创业型人才。

（三）建设专业化创业教育师资队伍

建设高校专业化创业教育师资队伍是保障三类创业教育内容在高校实施推进的重要条件。一是要有专门的创业教育执行教学机构，二是要有专门的师资编制，三是要有师资建设和发展的制度。除此之外，要加大创业教育师资的实践和理论培训，充分利用社会资源，与专业创业培训机构、社会成功创业人士合作，构建“自愿组合、跨校结合、多科融合、师创耦合”的创业教育师资队伍。

五、结束语

高校创业教育内容具有系统性和体系性。创业教育三方面内容相互联系、相互影响，又各具一定的独立性和特色性。准确把握高校创业教育分类及其内容的完整性，能够解决高校创业教育为谁培养人、培养什么人以及怎样培养人的问题。同时，要认识到，高校创业教育内容是随着人们对创业和创业教育认识的深化和社会的发展而动态发展、不断完善的。

（本文写于 2021 年 5 月 3 日）

书院管理机制下的创业型人才培养模式探索

为进一步深化学校创新创业教育改革，探索创业型人才培养模式，武汉工商学院决定在创业学院推行书院管理机制(书院名称暂定为“小鹰书院”,以下简称“书院”),并依托书院组建创业管理专业本科实验班,主要思路如下。

一、实施对象

书院学员主要包括创业管理本科专业学生、“3+1”创业精英班学生、其他自主创业学生;学员主要由创业管理本科专业学生组成,面向全校大一新生选拔。

二、工作目标

通过探索书院制学生管理工作经验,构建创业型人才培养新模式,深入打造和凝练学校创业型人才培养特色,促进学校人才培养质量提升。

三、工作思路

书院以尊重学生的差异性、激发学生的能动性、培养学生的创新性为教育理念,以培养学生领袖素质、商业素质和管理素质为根本目的,以文化育人、养成育人和项目育人为工作抓手,以专业课程与创业项目有机融合为培养载体,以自主创业、合伙创业和依附创业为实践路径,帮助学生形成正确的创业价值观,全面提升学生的创新创业素质和能力,培养一批具有深厚母校情怀的科技创业精英和商业领袖人才。

四、主要措施

(一)以正确创业价值观和企业家精神为引领,实施文化育人

1. 设立“小鹰书屋”

(1)作为学员集中自习、交流分享、课外阅读、创业主题影视作品鉴赏场所。

(2)实行项目化管理,项目团队由实验班学员组成。

(3)藏书由学员自筹,教师、校友和社会捐赠。

(4)定期举办读书分享会。

2. 组织创业文化活动

(1)实行项目化管理,项目团队由实验班学员组成。

(2)定期组织项目路演。

(3)不定期举办创业讲座。

(4)举办创业沙龙。

(5)组织学员观看创业影视剧。

(6)不定期举办国学项目活动。

3. 弘扬企业家精神

(1)开展创业人物访谈。

(2)开展企业调研。

(3)举办企业家讲座。

(4)建设创业文化墙。

(二)以多种方式和途径培养学生良好习惯，实施养成育人

1. 班级实行分组自治

(1)按职能和项目成立学员小组。

(2)小组负责人定期轮换。

(3)开展小组成员履职自评和互评。

2. 寝室实行半军事化管理

(1)严格作息要求。

(2)明确寝室内务要求。

(3)开展文明寝室评比。

3. 习惯养成实行多种方式考核

(1)每学年要求学生养成两种良好习惯，并组织考核。

(2)习惯养成包括政治学习、自主学习、体育锻炼、兴趣爱好、劳动锻炼等方面。

(3)学员根据个人兴趣和特质自主申报行为养成项目和计划。

4. 自习实行集中管理

(1)明确每周集中自习最低时长要求，严格自习打卡。

(2)学员每周提交自习小结，保证自习质量。

(3)每周总结通报自习情况，评选自习标兵。

5. 学习实行每周回顾总结

(1)学员每周完成学习小结。

(2)学员轮流分享学习经验体会。

(3)学员每学期完成成长手册(四年形成大学成长手册)。

(三)以社会需求和创业实践问题为导向，实施项目育人

1. 班级模拟公司化运营

(1)班级依托创业基地注册成立公司并按公司化运营。

(2)公司管理岗位通过学员自荐和选举产生。

(3)公司经营收入用于班内活动开展和勤工俭学补贴发放。

2. 学员参与多元化项目

(1)项目主要类型：日常生活类、学生学习类、社会实践类、真实创业类。

(2)项目参与要求：学员全员参与、全类参与、全过程参与。

(3)项目考核：坚持以能力素质为中心的考核理念。

3. 寒暑假项目活动

(1)寒假参加实践项目不少于 15 天。

(2)暑假参加实践项目不少于 30 天。

五、条件保障

(一)师资保障

为每个学生配备学业导师、成长导师、创业导师，形成终身师徒学习平台。其中，学业导师由校内专业教师担任，成长导师由优秀校友担任，创业导师由社会成功创业人士担任。

(二)场地保障

学校为书院提供专用场地，学校创业基地为学员创业实践项目提供办公场地。

(三)经费保障

日常教学由学校教学经费保障，日常外经费由创业学院、班级自筹及校友、社会捐赠。

(四)校友资源保障

学校为书院提供丰富的校友及其企业资源。

(五)家校互动保障

加强家校互动，家校协同育人，更好地发挥家长在学生成长成才过程中的激励和督促作用。书院每月向家长反馈学员学习成长情况，每学期向家长反馈学员成长评价报告，每学期组织召开一次学员家长会。

六、评价考核激励机制

书院根据学校学生管理制度，探索创业管理本科实验班学生评价、考核和激励新机制和新办法。

（本文写于 2022 年 8 月 29 日）

参考文献

[1]王松林．高职院校学生人生目标教育研究[D]．长沙：湖南师范大学，2011．

[2]刘芳，董云涛．全息育人教育模式下高职院校劳动教育课程体系的构建路径．智库时代[J]．2023(21)：220～223．

[3]段宏军．弘扬中华优秀传统文化精髓厚植时代青年爱国情怀[J]．现代职业教育，2023(7)：141～144．

[4]陆凯．农村高中数学课程渗透职业生涯教育初探[J]．数理化解题研究，2020(30)：10～11．

[5]罗谌．我国大学生供需匹配问题的研究[D]．北京：北京交通大学，2014．

附件1：

武汉工商学院创业学院建设方案

为适应国家创新驱动发展战略实施和社会经济发展需要，切实推进实施湖北省“才聚荆楚”工程，进一步深化学校教育教学改革，促进学校创新型人才培养，特制订本方案。

一、建设定位

武汉工商学院创业学院是在学校原有的创新创业教育学院基础上，整合创业管理本科专业和其他相关学科专业，同时依托就业创业指导中心、社会合作与发展部在就业创业、产创一体方面的工作职能和社会资源而组建的校内新型教学单位，是学校人才培养改革的“试验田”，也是学校体制机制创新的“先行区”。

创业学院将通过多种途径和方式，选拔具备创业潜质或特质的生源，构建多种办学层次的创业人才培养课程体系，应用多种教学形式与方法，建设多层次创业实践平台，致力于为社会培养大批具有较强企业家精神、较高创业素养和深厚母校情怀的科技创业精英和商业领袖人才。

二、建设目标

着力打造国家级创业学院，建设国内一流创业管理专业，构建高水平产创一体化平台，培育具有“武工商”特色的创业教育生态体系。

三、组织架构

（一）职责与运行机制

创业学院负责全校创业教育的组织与实施、各种类型创业管理专业的招生宣传与人才选拔、各种类型创业赛事活动组织与实施、学生创业实践基地建设与实践活动组织、创业师资队伍建设、创业校友成长服务、校内外创业资源整合。

创业管理专业由创业学院与管理学院共建，着力推进创业管理专业人才培养体系创新变革，主要依托学校管理学院相关师资、课程、专家及项目资源开展教学科研及社会服务等工作，由管理学院负责学生的日常管理工作。

（二）行政设置

创业学院设院长一名，兼职副院长三名，兼职办公室主任及教学秘书各一名。

（三）师资队伍

通过校内选拔和校外招聘的方式逐步组建10名左右自有专职教师团队，该团队由自有专职教师、校内相关专业教师、其他高校兼职教师、咨询专家组成；同时，建设一支高质量校外导师团队，该团队由企业家、投资专家、产业管理者及优秀校友组成。

四、办学形式和规模

（一）办学形式

创业学院办学形式有创业管理本科、创业管理专升本、创业管理精英班（校内跨专业选拔）、创业管理双学位、创业管理商学院（社会培训服务）等。前期以创业管理本科、创业管理精英班为主，条件成熟时开设创业管理专升本、创业管理双学位和创业管理商学院。

（二）招生规模

创业学院逐步形成600人左右的在校生规模。其中，创业管理本科专业每届约60人；创业管理专升本每届约100人；创业管理精英班面向大三在校生每届约30人；创业双学位（远期）1～2个班；创业管理商学院（远期）依据社会实际需求开设。

五、建设任务

（一）创新生源选拔机制

探索创业管理本科生源选拔新机制，通过加试创业管理开放性试题及面试考察等方式，优选具备创业潜质的生源。创业管理专升本主要面向高职院校有创业经历的毕业生进行择优选拔。鼓励有意创业的校内外学生以创业精英班及创业管理双学位等方式进入创业学院学习。

（二）创新人才培养课程体系

突出创业主体意识启发、创业个性化能力训练和创新性实战项目历练。遵循创业型人才成长规律和企业生成规律，构建由领袖素质和商业素质为主的专业基础课程模块，即由“选项—模拟—运转”创业三阶段组成的专业课程模块。强调以师徒制为主要教学形式，以真实创业项目为学习载体，突破学时固化模式而灵活设置，以契合人才培养进程中的实际需求。

(三)创新人才培养模式

以“尊重学生的差异性、激发学生的能动性、培养学生的创新性”为人才培养理念，构建专业课程学习和创业项目实践相结合的学习载体，以“学生自主创业、学生合伙创业、师生共创、生校共创”的方式，培养高素质的创业型人才。

(四)创新学科建设思路

突出创业实践研究特色，以创业型人才成长理论、创业价值观与企业家精神、创业企业发展生态和创业促进地方区域经济发展为主要研究方向。创建省级创新创业教学团队，构建创业管理学科与其他优势学科相结合的人才培养体系。以建设省级创新创业人文社科研究基地为抓手，持续夯实学科内涵，不断提升学科建设水平。

(五)创新师资队伍建设

在师资队伍建设过程中既重视理论知识和水平，更强调创业经验和能力。构建创业理论教学与研究、创业实践项目指导、创业项目服务与孵化三支自有教师队伍，建设由行业协会、企业家、投融资机构专业人士、创业校友等组成的创业导师库。创新师资管理、职称评定和考核评价制度，鼓励教师倾注更多精力带领学生投入创业实践和创业成果培育中。

(六)创新学生管理体系

营造浓郁创业文化氛围，实行书院制管理模式，引导基于共同兴趣的学生开展丰富的创业活动。尊重学生的差异性特质，畅通创业学院与其他学院学生学籍转变渠道，创新学生学籍管理机制。针对创业管理专业特色，制订学生成长与发展的评价与考核指标体系，创新学生成长管理机制，促进学生成长成才。

(七)创新创业企业成长生态体系

重点聚焦生态环保、数字经济、泛 IT 产业、文化创意等领域，构建具有“武工商”特色的创业企业成长生态体系。打造具有企业家素质养成、商业模式实践验证、创业资源聚合、项目孵化展陈等复合功能的创业综合体，助力创业人才成长和创业项目生成发展。强化与校内产业学院及其他学院产教融合协同，为各专业领域创业管理人才和创业企业营建良好发展空间。

(八)创新社会服务机制

鼓励以创业活动和创业项目丰富学校社会服务形式。建立学校、教师、学生、校友多方自主组合共创的灵活机制，校方可整合优选创业资源引导师生、校友开展创业活动，并提供政策、资金及软硬件资源，以创投形式支持创业活动，助力创业项目良性运营，引导学校创业活动和项目体系化、特色化发展。

（九）创新人才培养质量评价机制

创业学院人才培养质量评价遵循市场价值与社会效益相结合的原则，以学生毕业时和毕业五年内两个节点进行评价考核。其中，毕业时从学生自主创业运营情况、参与创业实践情况、创业比赛获奖情况等方面进行评价考核；毕业五年内，对毕业校友创业项目规模及营业额、吸纳就业人数、税收贡献、科技成果转化等方面进行跟踪评测。

（十）创新校友成长服务机制

丰富创业校友培训方式，开展校友发展论坛、校友私董会、项目路演等活动。建立创业校友联盟，整合汇聚创业校友资源，为创业校友提供政策信息、行业信息等企业成长相关信息资源。加强在校学生与创业校友的联系与对接，促进学生成长和校友发展。

附件 2：

武汉工商学院学生生涯教育工作实施方案

为贯彻落实《教育部关于做好 2024 届全国普通高校毕业生就业创业工作的通知》(教就业〔2023〕4 号)和《省人民政府办公厅关于加快完善高校毕业生等青年就业创业工作体系的实施意见》(鄂政办发〔2023〕23 号)等文件精神，构建高水平大学生涯发展教育体系，促进学生全面发展与终身成长，实现毕业生更高质量就业和更充分就业，系统推进本土化生涯教育品牌建设，特制订本实施方案。

一、指导思想

以马克思主义人的全面发展理论和习近平新时代坚持以人民为中心的思想为指导，全面贯彻落实党的“德智体美劳”教育方针，继承和发扬中华优秀传统文化，积极培育和践行社会主义核心价值观，坚持为党树人、为国育才，健全生涯教育服务体系，深化就业育人内涵，切实提高人才培养质量。

二、工作目标

通过系统的大学生涯教育体系建设，提高学生生涯发展认知，激发学生成长发展能动性，促进学生全面发展。具体实现以下三个目标：

(一)建立“1.4.4”生涯教育工作模式

着力打造“1.4.4”生涯教育工作模式(图 34)，即围绕一个核心目标——树人育才，加强四方面内容建设——生涯课程、生涯咨询、生涯活动、校本教材，构建四大支撑体系——工作体系、工作机制、师资队伍、数智化平台。

图 34 “1.4.4”生涯教育工作模式

(二)构建“3＋2＋N”生涯教育课程体系

构建武汉工商学院全程化、全覆盖的“3＋2＋N”生涯教育课程体系，即开设三门必修课(“大学生学涯规划基础”“企业认知与行业探索 1”“企业认知与行业探索 2”)、两门选修课(“就业指导”“生涯团体辅导”)和 N 个主题微课。

(三)建立科学的生涯教育课程效果评价体系

构建“直接和间接”评价相结合的学校生涯教育课程对人才培养质量影响的效果评价体系和实施办法。

三、工作理念

坚持“三性互融”的教育理念，即尊重学生群体和个体特质“差异性”，激发学生成长发展“能动性”，培养学生学习意识和方法“实践性”。其中，差异性是基础，是大学生个体特质属性；能动性是动力，是大学生成长内因；实践性既是路径，也是方法。

四、建设内容

(一)课程建设

采用以项目为主线、教师为引导、学生为主体的项目式教学法，将传统的灌输式学习过程转化为人人参与的生涯发展认知创新实践活动。将生涯教育课程融入学校专业人才培养方案，强化大学生涯教育连续性和全过程，强化生涯教育与专业教育和双创教育的有机融合。构建“3＋2＋N”生涯教育课程体系(表 5)，拓展学生职业社会认知，增强学生专业学习原动力，增强学生发展能动性。

表 5　武汉工商学院“3＋2＋N”生涯教育课程体系

课程性质	课程名称	学时		学分		开设学期	实践方式	授课形式
		理论	实践	通识	创新			
必修课	大学生生涯规划基础	16	16	1	1	入学前至第一学期	生涯人物访谈	理论讲授
	企业认知与行业探索 1	8	8	0.5	0.5	寒假至第二学期	企业职业调查	翻转教学
	企业认知与行业探索 2	8	8	0.5	0.5	暑假至第三学期	行业调查	翻转教学

续表

课程性质	课程名称	学时		学分		开设学期	实践方式	授课形式
		理论	实践	通识	创新			
选修课	生涯发展主题工作坊	16		1		第三、第五、第七学期		工作坊
	就业指导	16		1		第四、第六、第八学期		讲座
微课(N)	生涯教育微课					每学期		线上课程

(二)生涯咨询和指导服务

以湖北省高校职业生涯咨询特色工作室建设为契机，继续打造生涯服务精品项目，积累原创生涯故事典型案例，努力打造具有“武工商”生涯教育特色的“静思”生涯咨询工作室。

1. 咨询和指导服务内容

主要解决自我认知、职业环境探索、专业探索、职业定位、生涯决策、学涯规划、就业规划、升学规划、创业规划、行动促进这十类学生生涯发展问题。

2. 生涯咨询和指导服务形式

线上线下相结合：利用网络平台和线下实体咨询室，通过多样化的咨询方式，满足学生不同需求，贯穿整个大学阶段。

团体咨询和个体咨询相结合：通过团体咨询形式，促进学生之间的交流和分享；提供一对一咨询服务，满足学生个性化需求。

引入新技术和工具：引入虚拟现实(VR)、人工智能(AI)等工具，为学生提供更生动直观的职业体验和信息获取方式。

3. 打造“一院一品”生涯工作室

结合院系特色和学生需求，整合学院内外资源，打造学院特色生涯咨询工作室或名师工作室。

(三)生涯教育活动

组织学生参加各类优质的实习实训活动，让学生在实践中了解社会环境和职业世界。

定期组织各类赛事活动，重点抓好职业规划大赛、模拟面试大赛等活动。

邀请工匠劳模、行业专家、职场精英和校友举办各类生涯讲座活动。

举办朋辈辅导系列活动。

与企业、机构建立合作关系，充分整合社会资源，为学生提供各类生涯教育活动。

（四）教材建设

编写符合学校特色和本校学生实际的生涯教育校本化教材，强化理论与实践相结合，同时根据课程效果评价结果不断迭代更新教材内容。

五、条件保障

（一）工作体系建设

构建“职教一体”的生涯教育工作体系。学生就业创业指导中心为职能部门，生涯与双创教育学院为教学单位，两块牌子，职能部门和教学单位两种职能紧密结合。

（二）建立生涯教育制度体系

建立全面、系统的生涯教育制度体系，具体包含学生生涯教育工作实施方案、教学管理系列文件、工作经费保障制度、师资队伍建设系列文件、课程效果评价办法等。

（三）师资队伍建设

1. 师资队伍构成

组建一支专业化和多元化的生涯教育师资团队，包括校内专职生涯教育教师、校内兼职教师、校外兼职教师、社会兼职教师和行业导师等。

2. 师资队伍培训

把生涯教育师资培训纳入学校师资队伍培训规划体系。通过参加专业培训、研讨会、企业实践等方式，提升教师的专业素养和教学能力。专、兼职生涯教师每年接受生涯教育培训不少于 24 学时，政工队伍教师每年接受生涯教育培训不少于 16 学时。

3. 科研工作

围绕大学生涯发展的需求和问题开展生涯教育科学研究，鼓励教师参与科学研究和学术活动，提高科研水平和成果质量。设立校级生涯教育专项课题，按照校级科研项目提供资金支持。积极组织教师申报各级各类生涯教育课题。

（四）数智化平台建设

搭建数字化、智能化生涯发展平台，为学生提供全方位、个性化的生涯教育服务，建立生涯教育管理系统、数字化课程资源库、在线咨询服务平台等。

六、评估和反馈

通过直接评价（前、后测）和间接评价（多维度对比）相结合的方法，全面评价生涯教育对人才培养质量的作用效果。根据评价结果，及时发现问题和不足，制订改进措施，不断完善学校生涯教育工作。同时，将评价结果作为学院教学质量评估和考核的重要依据，推动生涯教育工作的持续改进和不断提升。

（一）丰富生涯教育课程评价形式

构建以能力为中心的“直接评价”和“间接评价”相结合的生涯教育课程效果评价体系形式。评价体系可以实现课程体系建设的“事先引导”“事中修正”“事后总结”三大功能，从而使课程体系能适应时代发展需求和学生需要情况下的动态发展。

（二）完善生涯教育评价内容

通过完善“过程评价”“结果评价”和“增值评价”内容，可以客观真实地评价生涯教育工作，可以促进学校生涯教育工作职业化水平。

附件 3：

专业认知实践课程教师教学指导手册

一、教师职责与义务

担任“大学生涯规划基础”之专业认知实践课程（以下简称“本课程”）的指导教师应履行以下职责与义务。

1. 学生管理

与辅导员密切配合，做好学生管理工作。指导学生保质保量完成课程实践活动，整理和总结学生课程档案，等等。

2. 对接教学资源

与分配到各班的生涯发展行业导师做好沟通与联系，明确行业导师的职责与义务。向学生提供其他网络上的优质教学资源的获取途径。

3. 答疑解惑

对学生提出的主要但不限于生涯课程实践内容相关的问题进行热情解答，引导学生积极完成相关学习与实践任务。

4. 提升自身知识储备

积极参加各类生涯教育专业培训，与专家、资深同事以及行业导师进行深入的沟通交流，汲取他们的宝贵经验。同时，利用业余时间广泛阅读相关资料，不断拓宽自己的知识视野，为后续的理论课程教学打下坚实的基础，为成为真正能在生涯教育方面对学生有启迪的良师益友做准备。

二、工作流程与步骤

表 6 工作流程与步骤

步骤	主要内容	时间节点
1. 完成培训	参加由生涯与创业教研室组织的师资培训，达到任课老师的各项要求，掌握相关的知识内容，清楚相关实践活动的指导流程	7 月 15 日前
2. 建立班级	根据教学安排，提前建立班级 QQ 群，掌握班级学生名单。QQ 群及任课教师信息会统一对学生发布，组织督促学生加入相应的群组，并做好管理工作	8 月 10 日前

续表

步骤	主要内容	时间节点
3. 课程教学专业信息与资源研究	根据教学安排，教师需要对授课班级的专业和职业生涯人物访谈调研。深入了解对相关专业未来的主要就业方向、趋势，以及宏观经济、政策、技术趋势、社会需求趋势等，收集整理相关的信息，用于教学和指导学生	8月10日前
4. 实践活动宣讲	学生加入QQ群后，通过发布群消息，向学生传输实践活动相关的资料(包括实践活动通知、指导视频以及如何查阅相关资料等)，并保持与学生的沟通，对学生提出的问题给予及时解答	8月中旬(通知书发出后5天左右)
5. 访谈视频会议组织	对自身资源不足的学生，向其推荐介绍分配好的生涯发展行业导师，将导师分配的情况、联系方式等信息整理成表格发布在群组内，并做好导师与学生之间的对接工作。 组织导师线上进行职业生涯人物访谈(2～3场)，并对视频访谈对象活动进行录播，保存相关资料	8月20日前
6. 督促完成前测问卷	引导学生到指定链接完成前测问卷测试	8月15日前
7. 指导督促完成实践活动	向学生明确实践活动的各项要求、完成的时间节点等。在这过程中，教师要定期询问和督促学生完成的情况、是否遇到什么障碍或困难，并及时予以解答。 引导学生到指定链接观看教学视频 鼓励学生将线下访谈的相关内容拍摄成短视频，参加优秀活动短视频的评选	8月15日—9月10日
8. 引导学生学习网络文章	引导学生扫描指定的二维码或登录指定的网站，学习网络文章，并填写将学习心得填入专业认知实践报告的对应板块中	8月15日—9月10日

续表

步骤	主要内容	时间节点
9. 引导学生运用AI检索信息	引导学生登录文心一言网址：https://yiyan.baidu.com/，检索与自己毕业后的专业或职业相关的信息。阅读AI系统给出的答案，并将关键信息整理后填入专业认知实践报告的对应板块中	8月15日—9月10日
10. 督促完成后测问卷	新生报到过后，引导学生到指定链接完成后测问卷测试	9月20日前
11. 实践报告的回收和数据统计	在规定时间对实践报告和调研问卷进行回收，做好批阅和统计工作。评选出约10%优秀的学生实践报告，将名单汇总后提交。发放校级奖励证书。 将征集到的优秀学生访谈视频上传到指定的网络平台，并鼓励学生观看、点赞和评论	9月20日前
12. 总结和交流	将此次实践活动完成过程中的心得体会记录下来，参加教学研讨会。做好总结，为再次开办此课程积累经验	开学后两周内

以上步骤实施过程中遇到任何疑问，应及时与教研室相关负责老师沟通。

三、行业导师资源对接与访谈视频会议组织

任课教师应负责积极对接行业导师资源，做好相关的沟通工作，并在规定时间内组织好行业导师访谈视频会议，具体如下：

学生群组建立完毕后，应在行业导师允许的情况下，将其加入对应的群组，备注其姓名或称谓。在群组中向同学们介绍导师的基本情况，引导学生与其友善沟通或交流。

向行业导师介绍班级学生的基本情况、专业分布等信息。阐明导师的权利、职责与义务，引导导师在群组内积极发言、答疑解惑。

根据行业导师的时间情况，组织2～3场线上视频访谈活动(每场安排不同的行业导师)，需要提前测试腾讯会议室等软件的使用方法，做好网络会议室的预约，并将会议的时间、房间号等信息提前在群组内发布。提示行业导师调试好耳机、麦克风等设备，并做好相应准备工作。

线上访谈开始后，做好会议主持工作。访谈可参考如下议程进行：访谈介绍；任课老师访谈提问与回答；学生自由问答；总结与致谢。

在访谈开始前组织好上述各环节的语言，并拟列初步的讲稿。

访谈过程中，引导行业导师进行友善交流。注意启发行业导师根据自己的经历就相关问题充分展开叙述，并引导同学们踊跃发言或提问、做好记录。控制好线上访谈的时间，每场访谈可持续一小时左右。

访谈结束，整理好线上访谈的录制视频，将有关资料妥善保存。

四、引导学生运用 AI 检索行业或职业信息

指导学生运用文心一言等 AI 工具调查检索行业或职业相关信息，具体流程如下：

1. 通过文心一言等 AI 工具检索如下信息

(1)我学习的专业将来能去的对口或相关的行业有哪些?

(2)我学习的专业将来能去的对口或相关的职业有哪些?

(3)我学习的专业将来可能去的与行业不相关，但职业相关的职业有哪些?

2. 文心一言的使用方法

(1)登录文心一言网址：https：//yiyan. baidu. com/；

(2)在位于屏幕下方的检索对话框中输入包括但不限于上述三条关于自己将来行业或职业方向的检索信息，如输入“我学的专业是××××，我毕业后主要能从事的对口行业是?”；

(3)尝试输入不同的问句，直至 AI 系统反馈回你满意的答案。

3. 整理信息检索的成果

阅读 AI 系统给出的答案，并将关键信息整理后填入专业认知实践报告的对应板块。注意提示学生，AI 系统的检索结果仅供参考，不一定是完全正确的。需要结合多方信息做出理性判断。

五、实践报告要求

1. 考核内容及要求

学生完成一篇专业认知调研报告，9 月 10 日之前提交，具体要求如下：

(1)充分利用自有资源或学校提供的专业认知导师资源，并结合互联网等资源对信息进行完善和补充。

(2)调研报告需要充分结合自己的实际情况，建议包括但不限于以下内容：个人基本情况介绍、所学专业的情况、家庭对自己的期许、调研前对专

业的认知情况、采用的调研方法、调研具体实施过程、调研的主要结论、调研后对专业的认知、感受与体会。

(3)文章要求观点正确、主题突出，结构合理、条理清楚、文字通顺，无字数限制，具体格式见附录模板。

(4)必须由学生自己独立完成。若发现抄袭或雷同现象，一经查实，以零分计。

(5)用 A4 纸单面打印，左上角订书针装订。9 月 10 日之前在任课老师的指导下向指定平台系统或电子邮箱提交电子版(以专业＋学号＋姓名命名)，纸质版开学时交辅导员老师。

2. 考核评分标准(表 7)

表 7　考核评价标准

考核项目	项目评分标准	得分
报告结构(30 分)	结构完整，逻辑严密，层次清晰(26～30 分)	
	结构较完整，逻辑性较严密、层次性较强(21～25 分)	
	结构欠完整，有一定的逻辑性和层次性(11～20 分)	
	结构欠完整，逻辑不够严密，层次不够清晰(6～10 分)	
	结构不完整，逻辑混乱，层次不清晰(0～5 分)	
报告内容(40 分)	能引用充分的各种素材并加以整理分析，论据翔实、充分，思路新颖，有独到见解(36～40 分)	
	能引用较多的各种素材并加以整理分析，论据翔实、充分，有一定独到见解(31～35 分)	
	能引用部分各种素材并加以整理分析，论据不够翔实、充分，见解一般(21～30 分)	
	较少引用各种素材，论据比较欠缺，论点有待推敲(11～20 分)	
	几乎没有各种素材，论据不足，论点不清晰(0～10 分)	
文字表述(20 分)	文字表述精练、流畅，符合逻辑规范和学术要求，无错别字(17～20 分)	
	文字表述精练、流畅，基本符合逻辑规范和学术要求，无错别字(13～16 分)	
	文字表述不够精练、流畅，但基本符合逻辑规范和学术要求，无错别字(9～12 分)	
	文字表述啰唆、语句基本通顺，不够符合逻辑规范和学术要求，有错别字(5～8 分)	
	文字表述逻辑混乱，语句不通，不符合逻辑规范和学术要求，有错别字(0～4 分)	

续表

考核项目	项目评分标准	得分
格式规范 (10分)	排版美观、正确，完全符合案例格式要求(9～10分)	
	排版基本美观、正确，基本符合案例格式要求(7～8分)	
	排版不够美观、正确，不太符合案例格式要求(5～6分)	
	排版不美观、不正确，不符合案例格式要求(3～4分)	
	排版完全不符合格式要求(0～2分)	
总计：100分		

3. 综合成绩构成(表8)

表8　综合成绩构成

课程考核	考核项目	所占比例
平时考核 60%	专业认知实践报告	60%
	考勤及课堂表现	30%
	前后测调研问卷	10%
	合计	100%
期末考核 40%	期末作业(大学学涯规划书)	100%

六、前后测问卷(略)

附件 4：

专业认知实践课程学生学习指导手册

第一步：寻找访谈对象

寻找与你高考录取专业相关的职场人士进行访谈，访谈对象的来源有两种方式。

一、自有资源

学校鼓励同学们自己去寻找与你高考录取专业直接对口行业领域或相关行业领域职场人士，或通过父母、亲戚朋友、老师等人的推荐寻找相关职场人士。被访谈职场人士至少在该行业领域有 5 年以上的工作经历。访谈人士人数有 2～3 人更佳。

二、学校资源

对于一部分个人或家庭没有与高考录取专业直接对口或相关行业领域职场人士的同学，可以寻求得到任课教师帮助，请直接与任课教师取得联系。

第二步之(一)　实施访谈活动

一、事先准备好访谈问题清单

访谈清单大致准备下列信息和问题(访谈活动不限于上述问题，这些问题仅供你访谈时参考)：

(一)询问被访谈者基本信息情况

姓名、性别、毕业学校、所学专业、工作单位名称、工作单位经济性质、工作单位所属行业领域、工作年限、在目前行业领域工作任职年限。

(二)设计主要访谈问题

1. 您目前的职位是什么，您的工作职位主要职责是什么?

2. 您目前的职业职位需要什么专业能力和其他能力，获得这些能力需要哪些知识准备和实践活动准备？

3. 您的工作单位为社会提供什么产品或服务，它解决什么社会需求或问题，创造哪些社会价值？

4. 您怎样看待目前工作单位所属行业发展现状及发展趋势？

5. 您工作单位的员工职业发展通道主要有哪几条路径，每条路径的初级职位、中级职位、高级职位各是什么，您的职位所在职业发展通道每个层级职位需要哪些不同的能力素质？

6. 您是否喜欢目前的工作单位和职业职位，喜欢或不喜欢的原因是什么，它对未来职业发展有何影响？

7. 您对我的大学专业学习和成长发展有何建议？

8. 您认为我的大学专业毕业后最合适的就业方向以及对口或相关的职位有哪些？

二、整理访谈记录形成访谈成果

对访谈内容按照一定的逻辑顺序或相关性进行编辑整理，形成一篇完整的访谈实录报告。

访谈成果除整理访谈记录外，还要写出自己参加本次实践活动的收获、体会以及初步的专业学习计划。

第二步之(二)　网络资讯学习

一、扫描下方二维码，学习网络资讯

二、整理学习成果

对网络文章进行认真阅读学习后，写出你对职业与专业、就业等关系的个人理解和体会。

第二步之(三)　运用 AI 检索信息

一、通过文心一言等 AI 工具检索如下信息

(1)我学习的专业将来能去的对口或相关的行业有哪些？
(2)我学习的专业将来能去的对口或相关的职业有哪些？
(3)我学习的专业将来可能去的其他职业有哪些？

二、文心一言的使用方法

(1)登录文心一言网址：https：//yiyan. baidu. com/；

(2)在位于屏幕下方的检索对话框中输入包括但不限于上述三条关于自己将来行业或职业方向的检索信息，如输入“我学的专业是××××，我毕业后主要能从事的对口行业是?”；

(3)尝试输入前面所诉不同的词句，直至 AI 系统显示令人满意的答案。

三、整理 AI 检索成果

阅读 AI 系统给出的答案，并将关键信息整理后填入专业认知实践报告的对应板块中。

四、特别提示

文心一言 AI 检索平台属于大模型智能工具，问题答案受提出问题的准确性、平台数据累量积等因素影响，答案与实际情况可能存在一些偏差，因此检索出的答案仅作为参考。

第三步：撰写实践认知调研报告

对与专业相关职场人士访谈、网络文章学习以及 AI 检索的行业与职业信息结果，按照给出的顺序和提示，填写完整的实践认知调研报告(模块见附件 5)。

一、考核内容及要求

(一)9 月 10 日之前提交

(二)基本要求

(1)充分利用自有资源或学校提供的专业认知导师资源，并结合互联网等资讯对信息进行完善和补充。

(2)调研报告需要充分结合自己的实际情况。建议包括但不限于以下内容：个人基本情况介绍、所学专业的情况、所在家庭对自己的期许、在调研前对专业的认知情况、采用的调研方法、调研具体实施过程、调研的主要结论、调研后对专业的认知情况、感受与体会。

(3)文章要求观点正确、主题突出，结构合理、条理清楚、文字通顺。字数不限，必须按照给定的内容格式和要求完成。具体格式见附录模板。

(4)分析必须由学生自己独立完成。可借助 AI 等新型工具协助完成，但不得直接抄袭。若发现抄袭或雷同现象，一经查实，以零分计。

(5)A4 纸单面打印，左上角订书针装订。9 月 10 日之前在任课老师的指导下向指定平台系统或电子邮箱提交电子版(以专业＋学号＋姓名命名)，纸质版开学时交辅导员老师。

二、考核评分标准(表 9)

表 9　考核评分标准

考核项目	项目评分标准
报告结构(30 分)	结构完整，逻辑严密，层次清晰(26～30 分)
	结构较完整，逻辑性较严密、层次性较强(21～25 分)
	结构欠完整，有一定的逻辑性和层次性(11～20 分)
	结构欠完整，逻辑不够严密，层次不够清晰(6～10 分)
	结构不完整，逻辑混乱，层次不清晰(0～5 分)
报告内容(40 分)	能引用充分的各种素材并加以整理分析，论据翔实、充分，思路新颖，有独到见解(36～40 分)
	能引用较多的各种素材并加以整理分析，论据较翔实、充分，有一定独到见解(31～35 分)
	能引用部分各种素材并加以整理分析，论据不够翔实、充分，见解一般(21～30 分)
	较少引用各种素材，论据比较欠缺，论点有待推敲(11～20 分)
	几乎没有各种素材，论据不足，论点不清晰(0～10 分)

续表

考核项目	项目评分标准
文字表述 （20 分）	文字表述精练、流畅，符合逻辑规范和学术要求，无错别字（17～20 分）
	文字表述精练、流畅，基本符合逻辑规范和学术要求，无错别字（13～16 分）
	文字表述不够精练、流畅，但基本符合逻辑规范和学术要求，无错别字(9～12 分）
	文字表述啰唆、语句基本通顺，不够符合逻辑规范和学术要求，有错别字(5～8 分）
	文字表述逻辑混乱，语句不通，不符合逻辑规范和学术要求，有错别字(0～4 分）
格式规范 （10 分）	排版美观、正确，完全符合案例格式要求(9～10 分）
	排版基本美观、正确，基本符合案例格式要求(7～8 分）
	排版不够美观、正确，不太符合案例格式要求(5～6 分）
	排版不美观、不正确，不符合案例格式要求(3～4 分）
	排版完全不符合案例格式要求(0～2 分）
	总计：100 分

附件 5：

武汉工商学院

2024—2025 学年第一学期
“大学生涯规划基础”
专业认知实践调研报告

姓　　名：________________________

学　　号：________________________

专　　业：________________________

班　　级：________________________

年　　月　　日

第一部分：访谈记录
为了更好的提升我对于专业的理解和认知，我访谈了______位与我专业相关的人士，访谈的情况如下(填写完善括号里的内容，多个访谈对象可加页)： 1. 我的访谈对象是(　　) 2. 他的基本情况是(　　) 3. 我对他的印象是(　　)
我问了他如下问题： 1. 您目前的职位是什么，您的工作职位主要职责是什么？ 他的回答是(　　) 2. 您目前的职业职位需要什么专业能力和其他能力，获得这些能力需要哪些知识准备和实践活动准备？ 他的回答是(　　) 3. 您的工作单位为社会提供什么产品或服务，它解决什么社会需求或问题，创造哪些社会价值？ 他的回答是(　　) 4. 您怎样看待目前工作单位所属行业发展现状及发展趋势？ 他的回答是(　　) 5. 您工作单位的员工职业发展通道主要有哪几条路径，每条路径的初级职位、中级职位、高级职位各是什么，您的职位所在职业发展通道每个层级职位需要哪些不同的能力素质？ 他的回答是(　　) 6. 您是否喜欢目前的工作单位和职业职位，喜欢或不喜欢的原因是什么，它对未来职业发展有何影响？ 他的回答是(　　) 7. 您对我的大学专业学习和成长发展有何建议？ 他的回答是(　　) 8. 您认为我的大学专业毕业后最合适的就业方向以及对口或相关的职位有哪些？ 他的回答是(　　) (根据实际情况添加更多问题)
此次采访，我有如下感受：

第二部分：网络资讯文章学习心得
通过仔细阅读三篇网络资料，我得出的主要结论和体会是：

第三部分：行业与职业调查记录
通过运用文心一言等 AI 工具，或互联网其他渠道，我了解到： 1. 我学的这个专业将来能去的对口或相关的行业是(　　) 2. 我学的这个专业将来能去的对口或相关的职业是(　　) 3. 我学的这个专业将来能去的其他职业是(　　)

第四部分：思考与体会
通过本次实践活动，目前对毕业后的就业去向的想法是： (　　) 为此，我计划在大学期间这么做： (　　)

课程学习表彰与奖励

为鼓励同学们积极开展专业认知实践活动，认真完成本课程学习任务，按要求完成全部学习内容要求的，可以获得本课程学分；对其中完成优秀的学生，还可以获得学校另外的表彰奖励。

(1)对专业认知实践课程实践优秀个人进行校级评优表彰。评选实践报告质量优秀的前10%的同学可获得校级荣誉证书。

(2)鼓励同学根据访谈过程提供自行拍摄录制的访谈短视频。相关视频素材由任课老师统一征集，并上传到指定的网络平台。在规定时间内，根据所有上传视频的播放量、点赞数等指标，从全校作品中评选出优秀视频，给予拍摄者校级荣誉证书及纪念奖品。

(3)收集优秀生涯人物访谈记录报告并编辑装订成册，形成学校当年新生专业实践认知课程学习优秀案例集。